Un estudio de 5 semanas para un matrimonio
cristiano extraordinario
Incluye estudio para hombres

TAL COMO CRISTO AMA A LA IGLESIA

El único ejemplo para el matrimonio

por

JOAN DARCY DUNNAM

Impreso en los Estados Unidos de América

Primera impresión

ISBN 979-8-9862129-2-0

Joan of Arc Publishing, LLC
Stuart, FL , USA

Dirección creativa y diseño de portada de Andrew Pignato
Diseño interior de Veronika Grebennikova

"

"Padre justo, el mundo no te ha conocido, pero yo te he conocido, y estos han conocido que tú me enviaste. 26 Y les he dado a conocer tu nombre, y lo daré a conocer aún, para que el amor con que me has amado, esté en ellos, y yo en ellos".

(Juan 17:25-26)

66

"Un mandamiento nuevo os doy: Que os améis unos a otros; como yo os he amado, que también os améis unos a otros".

(Juan 13:34)

66

"Sed, pues, imitadores de Dios como hijos amados. Y andad en amor, como también Cristo nos amó, y se entregó a sí mismo por nosotros, ofrenda y sacrificio a Dios en olor fragante".

(Efesios 5:1–2)

"

"Prohibirán casarse, y mandarán abstenerse de alimentos que Dios creó para que con acción de gracias participasen de ellos los creyentes y los que han conocido la verdad".

(1 Timoteo 4:3)

A su novia real, tanto hombres como
mujeres,
Somos su corazón
Aliviamos su sufrimiento
Le hacemos cantar
Somos su amada y desposada
Somos Sus ejemplos individualmente y
casados
Mostrémosle al mundo cuánto
Él nos ama
Y así devolver el amor
al Único
que salvó nuestras vidas

Agradecimientos

A Jesús, mi Único. Tienes todo mi corazón a rebosar. Desde antes de la fundación del mundo hasta la eternidad, Tú eres el novio perfecto para tu amada novia.

A mi esposo terrenal, Brian Dunnam. Tu amor por mí es un espejo de Cristo por su Iglesia que me persigue, guía y anima diariamente. Gracias por su obediencia al escribir para los hombres en este deseo de toda la vida en mi corazón por los matrimonios y las familias.

A Connor y Ryan Dunnam. Mis regalos del Señor. Cristo en ustedes brilla tanto y sus vidas realmente me inspiran a mí y a tantos otros.

A mi padre, John Darcy, que ejemplifica a Cristo al mantenerse fiel a mi madre, después de 57 años de matrimonio, en la larga y continua batalla contra el Alzheimer.

A Sally Gagnon. Tu amistad cambió mi vida. Tu transparencia, humildad y risas fueron un bálsamo que me curó. Gracias por estar ahí para rezar todas y cada una de las veces. ¡Nuestras oraciones movieron y siguen moviendo montañas!

A Carolyn Reed Master y Andrew Pignato. No hay manera de que este libro pudiera haber sido lo que es sin su edición y excelencia creativa. Estoy tan agradecida de que Dios ya había dispuesto que trabajáramos juntos mucho antes de que comenzara.

A Alexis Albright, Jean Bowen-Smith, Carol Mendez, y a todas las integrantes de los grupos de mujeres de mi Hermandad. Su clase, cuidado y apoyo muestra al mundo que las mujeres realmente se aman y son vitales las unas para las otras.

A mi iglesia, Christ Fellowship, Todd y Julie Mullins, su exuberante amor, fe y creencia en los llamados de su congregación me dieron la confianza para escribir este libro.

Y a todas las iglesias a las que he asistido u observado en línea. Ni un solo sermón a lo largo de más de 30 años, ya sea sencillo con risas o profundamente expositivo, ha sido desperdiciado o ha caído en saco roto. Gracias, pastores y esposas de pastores, por su sacrificio y esfuerzo hacia el rebaño. Grande será tu recompensa. La Iglesia es una en Cristo. Su Esposa se está preparando.

Un vistazo al libro

Verdades clave

- Dios los conoció y los eligió a ambos antes de la fundación del mundo
- Ambos son herederos de Dios y coherederos con Cristo por la fe en la Cruz
- Los dos están desposados y forman parte de la novia de Cristo, que es la Iglesia
- Habrá un futuro matrimonio en Cristo y una cena de bodas del Cordero
- A ambos se les ha concedido el perdón completo y el acceso a Su Trono por la fe a través de la Cruz
- Tú y tu cónyuge son de estatus real y embajadores de Cristo en la tierra
- Tú y tu cónyuge están sentados con Cristo en los reinos celestiales
- Tu matrimonio es un ejemplo del amor de Cristo por la Iglesia

Lecturas clave

- Escrituras sobre ser un hijo, una hija y una novia reales
- El día en que Jesús te arrancó las cadenas para la eternidad

- Qué es la verdadera humildad a la luz de tu estatus real
- Cómo el enemigo intenta bloquear tu identidad real y tu papel de embajador
- La definición de la realeza
- La falibilidad de la realeza en la tierra
- Cómo caminar dignamente de su llamado como herederos y coherederos del Reino
- Lectura y aplicación del estudio de los hombres

Tareas clave

- Completar el ejercicio de Esclavo vs. Reinado Reconfigurar tu pensamiento en tu identidad real Solo creer en Su Palabra
- Reza y actúa como la realeza que eres
- Crecer y cambiar para el honor de Cristo a la luz de Su sacrificio y propósito para ti
- Ve a tu cónyuge como realeza y en misión para Cristo individual y colectivamente
- Repite el estudio de esta semana hasta que veas cambios en el pensamiento y la acción

47 Sección 2 | Semanas 2–3—Cristo y su Esposa, la Iglesia
Un matrimonio hecho en el cielo

Verdades clave

- El amor de Cristo ha sido derramado en nuestros corazones y es completo para cada cónyuge
- El corazón humano fue diseñado para ser amado plenamente por Cristo
- El amor de Cristo es específico para satisfacer todas nuestras necesidades que se desborda a su cónyuge
- Ama a Cristo con todo tu corazón, alma, mente y fuerza
- El amor humano es defectuoso, mientras que el amor de Cristo es perfecto
- El Cantar de los Cantares en el Antiguo Testamento describe el amor apasionado de Cristo por su esposa
- El enemigo trata de bloquear la verdad del amor completo de Cristo por ambos
- El mundo nos engaña con un falso sentido del amor que nos deja vacíos y desesperados

Lecturas clave

- Escrituras sobre Su amor total por Su Esposa
- Las formas específicas en que Cristo ama a la Iglesia y a cada uno de nosotros

- Extracto de cantos del Antiguo Testamento
- La bondad del Padre y la plenitud de su amor por nosotros
- El antiguo modelo de boda judía
- El engaño del enemigo a través de películas, novelas y medios sociales
- La naturaleza destructiva de la pornografía
- Lectura y aplicación del estudio de los hombres

Tareas clave

- Leer, reflexionar y recibir el amor completo de Cristo por ti
- Permanece en su amor específico diariamente
- Completa el ejercicio de Necesidades/ Preocupaciones
- Leer y hacer el ejercicio de Booz y Rut
- Comprender el amor del Padre por ti ante todo
- Completa, reza y lee diariamente la oración final hasta que se produzca el cambio
- Ámate a ti mismo, a tu cónyuge y a los demás a la luz de Su amor saciante y desbordante
- Repite el estudio de esta semana hasta que veas cambios en tus pensamientos y acciones

97 Sección 3 | Semanas 4–5—Un matrimonio cristiano extraordinario Expuesto al mundo

Verdades clave

- Dios ha favorecido al marido con el don de su esposa
- Un matrimonio saludable y vibrante es alcanzable
- No existe un matrimonio terrenal perfecto
- Los esposos están llamados a amar y sacrificarse por sus esposas como Cristo ama a la iglesia

- El diseño del matrimonio es una danza simbiótica en la que el esposo lidera
- Los maridos son la roca del hogar como Cristo lo es de la iglesia
- Jesús revirtió el fracaso de Adán en liderar y proteger a Eva
- Los maridos están llamados a alimentar, proteger y cuidar a sus esposas

- El matrimonio es una relación de alianza desde el corazón
- El enemigo es activo y mortal hacia tu matrimonio

Lecturas clave

- Escrituras sobre los roles de los esposos y esposas en Cristo
- Cómo funciona el diseño del matrimonio
- La fuerza de nuestros esposos como la roca
- Salir de la lucha
- El primer y último Adán invertidos y ejemplificados
- Poner el resentimiento y la falta de perdón en el pasado
- "Un llamado a recordar" para las esposas mientras están en el proceso hacia la salud matrimonial
- Qué hacer si él no lo intenta
- Una relación de corazón es la meta para todo matrimonio, como con Cristo
- Vivir con comprensión para evitar el conflicto
- Un esposo cristiano de excelencia
- Leer y aplicar el estudio de los hombres

Tareas clave

- Reflexionar sobre los roles bíblicos de los cónyuges
- Completar el ejercicio sobre el resentimiento y la falta de perdón
- Completar el ejercicio de Nutrir, Proteger y Cuidar
- Completar el ejercicio Romance vs. Querer
- Completar el ejercicio de las 4 cosas no negociables, las necesidades y las preferencias
- Comprométete con la estabilidad financiera
- Busca entender a tu cónyuge como la obra maestra de Dios a través de una evaluación de la personalidad
- Completa el ejercicio "No demasiado emocional".
- Aplicar las preguntas de UNA COSA en la mayoría de las conversaciones (ver el estudio de los hombres)
- Recuerda tener paciencia, ya que las rupturas pueden conducir a avances.
- Repite el estudio de esta semana hasta que veas cambios en el pensamiento y la acción

"Es la voluntad de Dios que tengas un matrimonio extraordinario".

Prólogo

Joan y yo llevamos 26 años casados y todavía me sorprende lo tenaz y dedicada que es tanto a la superación personal como a ayudar a mejorar la vida de las personas que la rodean. Personalmente he sido testigo de cómo se vuelca en la gente año tras año porque tiene una increíble pasión por las mujeres y los matrimonios. El mayor deseo de Joan es que todo el mundo conozca su verdadera identidad en Cristo, lo profundamente que Cristo les ama, y ayudar a restaurar los matrimonios que el enemigo ha tratado de destruir a través de un sinfín de mentiras, el pecado y el engaño. Ella ha dedicado su vida a reparar su pasado creciendo en una relación personal con Cristo para que ella sea lo mejor según el diseño de Dios y pueda definitivamente ser una ayuda para otros que tratan de hacer lo mismo. La he visto trabajar hasta altas horas de la noche, completando una maestría en Negocios Internacionales, estudios de consejería en el programa de maestria de Terapia Matrimonial y Familiar en la Universidad Liberty, una certificación de Coaching de Vida, y peinando innumerables sermones, estudios biblicos y estudios nutricionales para poder convertirse en una experta en este campo.

Este libro es una efusión de amor, escrito para las mujeres cristianas, pero con un grito de ayuda a los hombres cristianos para que asuman los roles de liderazgo que Dios les ha dado. Habiendo experimentado personalmente el cambio y la mejora en nuestro matrimonio después de centrarme concienzudamente en mi relación con Cristo y examinar su ejemplo de cómo amar a mi esposa, puedo decir con confianza que este libro cambia la vida. Escribí el estudio para hombres que se encuentra en la parte posterior del libro como un pequeño compañero del texto principal para mantener las cosas simples y animar a los hombres a participar en el crecimiento que Cristo quiere -y siempre ha querido- para tu matrimonio.

Joan y yo leímos todas las escrituras de cada sección y las aplicamos lo mejor que pudimos. Además, hicimos todos los ejercicios trabajando en cada detalle de nuestro matrimonio primero para ser ejemplos exitosos para otros y proclamar las buenas nuevas de esperanza en Cristo a todas aquellas parejas que desean y esperan más de su relación. "Como Cristo ama a la Iglesia" lo dice todo sobre el ejemplo que los hombres deben seguir para amar a sus esposas. Ha sido para mí un increíble honor y un placer, aunque no siempre sea fácil, recorrer este camino con Joan para descubrir el amor de Cristo por su esposa, la Iglesia. Nosotros, como esposos, podemos usar su ejemplo para aprender más sobre nosotros mismos, nuestros roles y nuestros matrimonios, de modo que nuestras familias puedan ser bendecidas y tengan un impacto positivo y duradero en los que nos rodean.

En las páginas que siguen, descubrirás verdades bíblicas que pueden cambiar para siempre tu perspectiva eterna, sanar heridas del pasado y reajustar tu mente individualmente y como pareja para ayudarte a cumplir tu papel como embajador del reino de Cristo. Ruego que tu matrimonio florezca como resultado y "que el Señor te bendiga ricamente a ti y a tus hijos". (Salmo 115:14)

Brian Dunnam.

Embajador de Cristo, Esposo, Padre, CTO

Cómo usar este libro

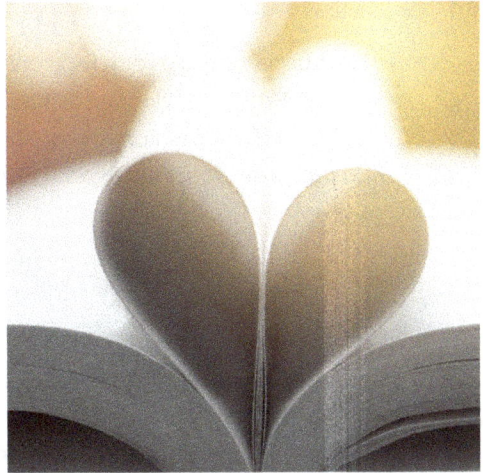

Si sientes que estás en una crisis en tu matrimonio y estás profundamente herido o en peligro para ti o para otros y necesitas ayuda inmediata, por favor llama a un miembro de la familia de confianza, a un amigo, a un pastor o a las autoridades locales. Si necesitas un salvavidas de información y sabiduría para tu matrimonio, por favor pasa a la Sección 3, Semanas 4–5. Pero PARA antes de hacerlo y haz una pausa por un segundo. Dios presionó mi corazón para compartir dos cosas contigo mientras escribo esto. Primero, por favor ten en cuenta que la mayoría de los esposos y esposas no tienen idea de lo que están diciendo o haciendo para herirte. Ellos no tienen el cuadro completo y están actuando desde una perspectiva pasada, cultural o social, al igual que nosotros. Ten la seguridad de que Él lo ve todo y quiere hacerse cargo. Honestamente, nosotros también lo necesitamos, y puede comenzar hoy si se lo permites. Segundo, recuerda que siempre hay esperanza. He rezado y rezo por ti todos los días. Creo en tu matrimonio en Cristo. Lo creas o no, Él los ama a ambos por igual, a pesar de sus fallas, y los ha traído aquí con gran alegría y propósito en todo su dolor para llevarlos a verdes pastos y restaurar sus almas (Salmo 23:2–3, Romanos 2:11).

Diseño del libro

El libro *Tal Como Cristo Ama a la Iglesia* está diseñado principalmente para las mujeres e incluye un componente para los hombres y una oportunidad para una breve colaboración durante la semana si él lo desea. Mi esposo, Brian, ha diseñado personalmente gran parte del estudio para hombres en la parte posterior del libro. Confía en mí, lo hemos revisado a fuego para probar su potencia.

La buena noticia es que funciona. Para que sepas y estés al tanto, el crecimiento no es lineal. Puede ser dos pasos hacia adelante, y un paso hacia atrás con altibajos, pero la verdad en este libro por si sola puede *abrir el diálogo y transformar tu matrimonio a través del poder del Espíritu Santo.*

Objetivo del libro

Como todos llevamos vidas muy ocupadas y tenemos dificultades para sacar tiempo durante la semana, este libro para matrimonios cristianos está pensado para ser trabajado en privado y convenientemente en casa o sobre la marcha durante una o dos horas a la semana durante cinco semanas con un estudio de 30 minutos para los hombres. Mi alegría es despertar a las mujeres a la verdad de lo preciosas y valiosas que son en este momento para Cristo como Su Esposa y para sus esposos (aunque no lo sepan todavía). Este libro no es solo un paso hacia la comprensión de cómo Cristo ama a la Iglesia, sino un paso hacia su restauración individual y como pareja (o futura pareja). En última instancia, este libro pretende ser una parte de la preparación de Su Novia para Su regreso (Efesios 5:27, Apocalipsis 19:27).

Cómo funciona

Este es un libro de cinco semanas con tres secciones. La primera sección incluye la Semana 1 y, como indica, dura una semana. La segunda sección debe durar dos semanas, denominadas Semanas 2–3. Semanas 4–5, la tercera y última sección, también está pensada para ser un estudio de dos semanas. Los periodos de dos semanas de las secciones 2 y 3 están diseñados para trabajar a su propio ritmo.

Las semanas revelarán tres puntos principales: su identidad real y la de su cónyuge como mujer u hombre en Cristo, específicamente cómo Cristo ama a su Iglesia como ejemplo para los matrimonios, y cómo aplicar esta información personalmente a nuestras propias vidas y relaciones matrimoniales. Las actividades están pensadas para ayudarle a comprometerse con el contenido, incluyendo la lectura de pasajes, el marcado de palabras clave en las escrituras, la realización de ejercicios para rellenar los espacios en blanco y la respuesta a preguntas personales que pueden ser discutidas con su cónyuge. En general, combina un libro, un estudio bíblico y un cuaderno de trabajo que incluye actividades de asesoramiento diseñadas para ofrecerle un punto de partida general hacia un matrimonio cristiano extraordinario.

Bienvenido

"Maridos, amad a vuestras mujeres, [buscad el mayor bien para ella y rodeadla de un amor solícito y desinteresado], así como Cristo amó a la Iglesia y se entregó a sí mismo por ella, para santificar a la iglesia, habiéndola purificado mediante el lavado del agua con la palabra [de Dios], a fin de presentársela [a su vez] en glorioso esplendor, sin mancha ni arruga ni cosa semejante, sino para que sea santa [apartada para Dios] e irreprochable".
(Ephesians 5:25–27, AMP)

Él está apasionado por su Iglesia. No solo la Iglesia colectiva, sino tú, sí tú, específicamente. Tú eres la Iglesia como individuo. Incluso si fueras el único en la tierra, puedo imaginar que Él habría muerto solo por ti. El día que naciste, fue amor a primera vista. De hecho, Su amor por ti se estableció antes de la fundación del mundo, cuando fuiste elegido en Cristo para ser santo y sin defecto a sus ojos (Efesios 1:4). Él ha velado por ti todos los días con nada más que un amor completo en Su corazón. Incluso ahora, Sus ojos están sobre ti. Él canta sobre ti y se deleita en todos tus caminos. Él te creó y ve tu belleza, tu corazón, tus deseos, tus esperanzas y tus sueños. Puede que no te des cuenta en este momento, pero Su amor por ti es completo y no te falta nada. Nada, y quiero decir nada, está agrietado, roto o faltante en tu corazón. No importa cómo te traten o hayan tratado otras personas o cómo te veas a ti mismo, desde el principio, fuiste elegido, y tu corazón fue hecho completo en Su amor. Nuestras mentes necesitan ser renovadas a esta verdad eterna. Una vez que esto se entienda completamente, se convertirá en el fundamento de tu vida. Todo, desde su sentido de sí mismo hasta su relación con Cristo y otros, incluyendo su cónyuge, fluye de esta única verdad. Por eso dijo que permaneciéramos en Su amor perfecto o lo aceptáramos y lo guardáramos, porque es el manantial de la vida. El amor humano no puede llenar lo que nuestros corazones claman. Todas las mañanas, recuerda Su amor que ha sido derramado en tu corazón a través del Espíritu Santo hasta que permea todo tu ser y se desborda con tal pasión, alegría y paz que no podrás contenerlo. Y como resultado, sabrás sin duda que de la fe, la esperanza y el amor, el mayor de ellos es el amor (Jeremías 29:11, Salmo 37:23, Salmo 121:5–8, Salmo 139:13–18, Proverbios 4:23, Sofonías 3 17, Hebreos 1:3, Hebreos 10:10, Romanos 8:29–30, Efesios 1:11, Efesios 1:4–5, 1 Pedro 2:9, Juan 15:9, Efesios 1:4, Romanos 12:2, 1 Juan 4:12, 1 Corintios 3:11, 1 Corintios 13:13).

A medida que vayas leyendo este libro, empezarás a despertar a tu verdadera identidad como Su Esposa y a tu posición real en Cristo, serás consciente de Su intenso y profundo amor por ti, ¡y tendrás la esperanza de un matrimonio fuera de este mundo! Su amor por ti y por Su Iglesia es el ejemplo. Aprender estas verdades es el principio del fin del engaño del enemigo de que no puedes ser amado de la manera que necesitas y, como resultado, estás destinada a la mediocridad y al vacío. No importa por lo que hayas pasado, hoy empezaremos a abrirnos y a ver en el corazón de Cristo para ti y para la Iglesia para vivir diariamente en él de forma plena y completa. Su amor perfecto, eterno y apasionado te está esperando.

Este estudio consta de tres partes.
- En la semana 1, aprenderemos sobre nuestra verdadera identidad real y nuestra posición en el Reino.
- En las semanas 2 y 3, aprenderemos cómo Cristo ama a su Iglesia y empezaremos a reconocer, en detalle, su amor por ti.
- En las semanas 4–5, nos centraremos en nuestro matrimonio terrenal actual o futuro y en su propósito vital y su increíble potencial.

La cena de las bodas del Cordero es pronto, y su novia real está siendo preparada. ¡Él no puede esperar para presentarte radiantemente llena de Su amor eterno!

Comencemos.

En Su amor,

Joan

Hijos, hijas y novia reales

Nuestras verdaderas identidades conyugales como herederos y co-herederos en el reino

Señoras, nos han mentido, pero anímense, lo que tú y tu cónyuge son realmente en Cristo está a punto de ser expuesto y revelado. La sociedad nos ha engañado al comercializar con exceso lo superficial y lo material en nombre de la belleza, el amor y la aceptación. Las etiquetas y la cultura nos han definido mal. Podemos ser etiquetados negativamente como "demasiado emocionales", "locos", "regañones", "necesitados" o "complicados", por nombrar algunos. En general, la historia no ha sido amable con nosotros. A lo largo de los tiempos y en todo el mundo, la mayoría de las mujeres han sido consideradas menos que nadie y han sido vulnerables a los hombres dominantes que han abusado de su poder. Como no luchamos contra la carne y la sangre, el enemigo está detrás de esta imagen negativa de las mujeres y nos ha degradado y hablado falsamente a los oídos de hombres y mujeres por igual. Aquí está la verdad absoluta, estás hecha como Dios. Sí, el hombre y la mujer son parte de Su Imagen, como dice la Palabra. Pero en particular, como mujer, tu inclinación a nutrir a otros junto con tu capacidad emocional, profundidad, calidez y compasión son como Dios. De hecho, eres tan especial que fuiste hecha para Su placer y eres un regalo de Dios para Jesús y tu esposo o futuro esposo (Juan 17:24, Apocalipsis 4:11).

> "
> El amor redentor te corona como la realeza.
> "
>
> (Cantar de los Cantares 7:5)

Eres una hija real del Altísimo y parte de la esposa de Cristo. Tu identidad, en sí, está estampada en Su sangre. Eres parte de una familia real y parte de un reino eterno en el Cielo que está realmente en ti ahora mismo. Eres una heredera de Dios y una co-heredera con el Rey Jesús gobernando y reinando con Él en los reinos celestiales incluso en este mismo momento. Es tiempo de despertar del profundo sueño del enemigo. El astutamente trata de desviarte de lo que no se ve y de la realidad de Su reino, que es más real que lo que se ve con nuestros ojos físicos, lo que piensas de ti misma, o cómo te ven y tratan los demás.

Novias, ustedes están en un viaje poderoso que les cambiará la vida y les llevará a su verdadera identidad y destino real. Aprender cómo ama Cristo a la Iglesia y experimentarlo personalmente en su totalidad disipará las mentiras que el enemigo ha elaborado y está utilizando para atraparte en una vida distinta a la que Dios tiene para ti en plena abundancia (Juan 10:10). De hecho, al leer este libro, tu comprensión de cuánto te ama Cristo puede sorprenderte realmente. Además, tu visión de lo que es el matrimonio puede cambiar por completo. Tu matrimonio puede adquirir una vida totalmente nueva para lo que fue concebido. A través de Cristo, entrarás en el palacio y reclamarás tu posición real como Su Novia. En realidad, algún día cercano, estarás a punto de caminar por el pasillo en tu boda real con el Rey de reyes y Señor de señores llena de alegría y nunca jamás mirarás atrás.

Conoce esto

El cielo es un lugar real, y la Biblia lo describe a lo largo de las Escrituras. El Padre está en el trono, y Jesús está a su derecha. Los ángeles rodean el trono y lo alaban día y noche. Su gloria ilumina todo el cielo. La cola de su manto real llena el templo, y sus vestidos están perfumados con mirra, áloe y casia. Lleva una corona y sostiene un cetro. En su palacio con incrustaciones de marfil se toca una música encantadora solo para su placer. Él gobierna y reina y da órdenes a los ángeles en nuestro nombre continuamente. Bajó del cielo para salvarnos. Se levantó para sentarse y descansar a la derecha del Padre. Pidió al Padre que enviara al Espíritu Santo para que estuviera en nosotros y nos sellara, guiara, enseñara y ayudara. El Espíritu Santo en nosotros es el Reino mismo. De hecho, como Él es, así somos nosotros en este mundo. Somos los hijos del Padre ahora y la novia y embajadores de Cristo en la tierra, difundiendo la Buena Nueva y preparándonos para su regreso, donde nos encontraremos con Él en las nubes y seremos llevados a la boda real para estar con Él para siempre.

Haz una pausa y reflexiona

Oremos

Padre, al comenzar este estudio de cinco semanas sobre quiénes somos en Cristo y cuánto ama Él a su Novia y a cada uno de nosotros individualmente, por tu gracia, te pedimos humildemente que derrames tu sabiduría sobre nosotros. Con los ojos y los corazones abiertos, penetra hasta la médula de nuestros huesos y restáuranos por Tu amor y misericordia para que podamos vivir dignamente de nuestro real llamado individualmente y en matrimonio como ejemplos de Cristo y de la hermosa unión de Él y Su gloriosa Iglesia. En el nombre de Jesús, amén.

¿Sabías que...?	Sí	No
1. ¿Eres una hija de Dios y parte de su familia real? (Romanos 8:16, 2 Corintios 6:18, 1 Pedro 2:9)		
2. Eres elegida por el Padre como un regalo para Jesús... (Juan 6:37, Juan 17:24)		
3. ¿Eres parte de la novia de Cristo? (2 Corintios 11:2, Apocalipsis 19:7–9)		
4. El Espíritu Santo dentro de ti es como un anillo de compromiso que se te ha dado como sello del próximo matrimonio entre Cristo y Su Iglesia... (2 Corintios 1:21–22, 2 Corintios 5:5, Efesios 1:13–14, Efesios 4:30)		
5. Eres un embajador real en la tierra representando a Cristo y apelando a los demás por Dios... (Hechos 1:8, 1 Tesalonicenses 2:4, Mateo 10:16, 2 Cor 5:20, Efesios 5:20)		
6. ¿Cristo y el reino de Dios, en todo su poder y gloria, está en ti ahora mismo? (Lucas 17:21, 1 Juan 4:4)		
7. ¿Actualmente estás sentada en los reinos celestiales gobernando y reinando con Cristo? (Efesios 2:6)		
8. ¿Se celebrará un banquete de bodas en el cielo para los creyentes y Cristo? (Apocalipsis 19:7–10)		
9. Eres su obra maestra y has sido hecho para su placer... (Efesios 2:10, Apocalipsis 4:11)		
10. Tu matrimonio terrenal es una vocación real y un ejemplo de cómo Cristo ama a su Iglesia y se entregó por ella... (Efesios 5:25)		

Este ejercicio de sondeo está diseñado para abrir nuestras mentes a la verdad de nuestra identidad real actual y eterna. Incluso si todavía no has abrazado estas verdades, el objetivo es empezar a vernos como Dios nos ve en Cristo. Además, cambiará nuestra perspectiva hacia nuestros hermanos y hermanas en Cristo como herederos reales. Esto incluye a nuestros esposos en Cristo para ver nuestras identidades reales centradas en el reino diariamente.

¿Por qué nuestras identidades reales son importantes para nuestra relación con Cristo y nuestro matrimonio terrenal? Saber firmemente quiénes somos cambia nuestros corazones y, por consiguiente, cada pensamiento y acción que realizamos. Como resultado, la verdad de nuestro valor ilimitado, valor eterno y propósito vital en Cristo, como individuos y como marido y mujer como una sola carne, surgirá en algo potente para lograr los propósitos de Dios para Cristo y su reino. La relación matrimonial es el ejemplo del acto más amoroso de todos los tiempos, cómo Cristo ama a su Iglesia y se entregó por ella. También es un testamento para los futuros creyentes y para mostrar el amor de Cristo, que murió por todo el mundo.

Por lo tanto, creo que el matrimonio es una de las instituciones más importantes creadas por Dios en la tierra, si no la más importante. Honra a su Hijo y el amor

"

¿Por qué son importantes nuestras identidades reales para nuestra relación con Cristo y nuestro matrimonio terrenal?

"

que nos mostró a través de su sacrificio cuando aún éramos pecadores. Nuestros matrimonios cristianos deben ser una prioridad para cada cónyuge en honor a Él y a Su sacrificio solamente.

SABER

Identidades reales conyugales

Conocidos y elegidos en Cristo

El perdón completo por la fe a través de la cruz

Se otorga el estatus de realeza

Acceso total al Trono

Ámate a ti misma (Su obra maestra)

Amar y perdonar a los demás

Embajadores de Cristo en Misión

Herederos de Dios y coherederos de Cristo

ENTENDER

Cristo y su novia

Amado plenamente y muerto en nombre de

Compromiso

Limpio y santo por dentro

Relación intima y personal

Satisfacer todas las necesidades

Sumisión a Cristo

Proceso de santificación activa

Futura boda real

VIVIR

Matrimonio cristiano terrenal

Unión unida por Dios

Un ejemplo de Cristo y la Iglesia

Llamada real colectiva

Con paz y con propósito

Hecho para disfrutar y aventurarse

Fines de procreación

Aceptar las diferencias santificadoras

Si es la primera vez que oyes que eres un miembro real electo de la familia de Dios y prometido del Rey Jesús, ¿qué pensamientos y/o sentimientos te surgen?

¿Cómo empieza a cambiar tu visión de ti misma el saber que eres una heredera real actual y eterna de Dios y coheredera con Cristo? ¿Cómo ves a tu marido (futuro marido)? ¿Cómo ves a otros creyentes?

¿Qué significa en la práctica este título de heredero/coheredero para ti en tu día a día? ¿Y como pareja, en tus otras relaciones, o hacia un mundo moribundo?

Verdades bíblicas

Sentado en los reinos celestiales

Encierra en un círculo todas las palabras de las siguientes escrituras que hablan de tu posición real en Cristo.

"Y nos resucitó juntamente con Él [cuando creímos], y nos sentó con Él en los lugares celestiales, [porque estamos] en Cristo Jesús". Efesios 2:6, AMP

"Samuel recitó luego al pueblo las leyes del reino, y las escribió en un libro, el cual guardó delante de Jehová". 1 Samuel 10:25.

"Podía haber elegido a cualquiera de entre la inmensa multitud de regios que me siguen". Cantar de los Cantares 6:8,.

"El amor redentor te corona como la realeza. Tus pensamientos están llenos de vida, sabiduría y virtud. Hasta un rey queda cautivado por tu belleza". Cantar de los Cantares 7:5.

"Y serás corona de gloria en la mano de Jehová, y diadema de reino en la mano del Dios tuyo". Isaías 62:3.

"Así fuiste adornada de oro y de plata, y tu vestido era de lino fino, seda y bordado; comiste flor de harina de trigo, miel y aceite; y fuiste hermoseada en extremo, prosperaste hasta llegar a reinar". Ezequiel 16:13.

"En cuanto a los santos (gente piadosa) que están en la tierra, Ellos son los majestuosos y los nobles y los excelentes en quienes está todo mi deleite". Salmo 16:3, AMP

"La hija del Rey es toda gloriosa en su interior; sus vestidos son de oro". Salmo 45:13.

"...que redime tu vida de la fosa y te corona de amorosa devoción y compasión,..." Salmo 103: 4.

"Los hiciste gobernantes de las obras de tus manos; pusiste todo bajo sus pies;" Salmo 8:6.

"Tus hijos serán algún día reyes como su padre. Se sentarán en los tronos de todo el mundo". Salmo 45: 16.

"Le hiciste un poco menor que los ángeles, Le coronaste de gloria y de honra, Y le pusiste sobre las obras de tus manos". Hebreos 2:7.

"Si en verdad cumplís la ley real, conforme a la Escritura: Amarás a tu prójimo como a ti mismo, bien hacéis". Santiago 2:8.

"Mas vosotros sois linaje escogido, real sacerdocio, nación santa, pueblo adquirido por Dios, para que anunciéis las virtudes de aquel que os llamó de las tinieblas a su luz admirable". 1 Pedro 2: 9.

"Bienaventurado el varón que soporta la tentación; porque cuando haya resistido la prueba, recibirá la corona de vida, que Dios ha prometido a los que le aman." Santiago 1:12.

"En esto se ha perfeccionado el amor en nosotros, para que tengamos confianza en el día del juicio; pues como él es, así somos nosotros en este mundo". 1 Juan 4: 17

"Por lo demás, hermanos, todo lo que es verdadero, todo lo honesto, todo lo justo, todo lo puro, todo lo amable, todo lo que es de buen nombre; si hay virtud alguna, si algo digno de alabanza, en esto pensad." Filipenses 4: 8.

"Yo pues, preso en el Señor, os ruego que andéis como es digno de la vocación con que fuisteis llamados". Efesios 4:1.

"Por lo demás, me está guardada la corona de justicia, la cual me dará el Señor, juez justo, en aquel día; y no solo a mí, sino también a todos los que aman su venida". 2 Timoteo 4: 8

"Y cuando aparezca el Príncipe de los pastores, vosotros recibiréis la corona incorruptible de gloria". 1 Pedro 5:4.

"He aquí, yo vengo pronto; retén lo que tienes, para que ninguno tome tu corona". Apocalipsis 3:11.

"Los veinticuatro ancianos se postran delante del que está sentado en el trono, y adoran al que vive por los siglos de los siglos, y echan sus coronas delante del trono, diciendo: 11 Señor, digno eres de recibir la gloria y la honra y el poder; porque tú creaste todas las cosas, y por tu voluntad existen y fueron creadas". Apocalipsis 4: 10–11.

¿? ¿Cuál es la escritura que más confirma su condición de rey? ¿Por qué?

¿Qué escritura aumentó tu sentido de valor en el Reino?

¿Existen algunos bloqueos para vivir en la verdad de tu estatus real (por ejemplo, el pasado, la culpa, la vergüenza)?

¿Cómo puedes dejar de lado lo que Cristo ya te ha limpiado y te ha hecho su coheredero real a través de su sacrificio expiatorio?

Convertirse en un miembro de la realeza

Ya no eres esclavo del enemigo

Haz una pausa de unos segundos. Quédate quieta en Su presencia. Ahora, respira profundamente y entra conmigo en tu imaginación de lo que pudo haber ocurrido en ese día que le diste tu vida a Él y te convertiste en Su novia real. Este fue el momento en que creíste en Cristo y en Su sacrificio como una expiación completa de todos tus pecados pasados, presentes y futuros. Fue el momento en que fuiste inmediata y sobrenaturalmente limpiado al salir de la esclavitud de Satanás para convertirte en la Esposa real de Cristo.

Hace cinco años, Brian, los chicos y yo visitamos Charleston, Carolina del Sur. Y como era nuestra primera vez en la ciudad, decidimos tomar el tour de caballos y carruajes para conocer de cerca los sitios de la ciudad. El guía nos fue contando la historia de determinados monumentos a medida que íbamos pasando por ellos. Finalmente, llegamos al Old Slave Mart. Charleston era uno de los principales puntos de reunión y venta de esclavos extranjeros y nacionales del Sur. El Old Slave Mart era el lugar de subasta de esclavos que formaba parte de un complejo mayor que incluía un patio. Mientras pasábamos lentamente por delante del mercado, me imaginé al instante el aspecto que podía tener durante una subasta, ya fuera dentro o fuera. Solo puedo imaginar lo horrible que debió ser para las innumerables personas que fueron separadas de sus familias y subastadas como mercancía.

Luego, mis pensamientos se dirigieron a lo que debía ser para la humanidad antes de llegar a la libertad en Cristo: esclavos de Satanás en la subasta de aquel campo. Me sentí triste por la cantidad de incrédulos que todavía no se dan cuenta de la realidad del mundo invisible y de que son propiedad de Satanás. La pasión y la profundidad del amor y la gracia salvadora de Dios para ti y para mí y su Iglesia se derramó sobre mí.

A continuación están los detalles de la visión que tuve ese día en el carruaje que representa el momento en que nos convertimos en Su Novia real para siempre. Imagina tu cautiverio antes de que Jesús te salvara mientras lees.

¿Recuerdas ese día?

Era una mañana gris y brumosa. Estabas allí encadenada. Estabas mojada, con frío, desnuda, hambrienta, sedienta, perdida, sucia, triste, sola, y totalmente lamentable. Una oveja sin pastor preparada para el sacrificio. No lo viste, pero Jesús estaba allí de pie entre los demoníacos dueños de esclavos que salivaban ante la idea de comprarte. Empezaste a temblar mientras el miedo se apoderaba de tu corazón, y te preguntabas quién te controlaría y abusaría de ti. El postor comenzó con un precio bajo, y muchos levantaron la mano. El precio fue subiendo, y discutieron una y otra vez para que fueras su esclava. En el último segundo, justo antes de que el mazo cayera para finalizar la compra, Él, Cristo Rey, levantó su mano atravesada y ofreció la Cruz, que es el precio más alto que nadie más podría superar. Gritó por encima del ruido de la multitud: "La quiero, y me di a mí mismo como precio. Mi sangre pagó por ella en su totalidad". Sabiendo quién era Jesús y lo que había hecho por el bien de los pecadores como tú, el astuto y baboso postor inclinó la cabeza en señal de derrota. Sin dudarlo, Cristo corrió hacia la vieja y desgastada plataforma con ojos amorosos, arrancó las oxidadas cadenas que rodeaban tu cuello, muñecas y tobillos, y te tomó en sus brazos mientras te envolvía con su manto real.

Luego, volviéndose para huir de este horrible lugar, te llevó a un lugar seguro mientras ambos chocaban con la aturdida y malvada multitud. Al ver tu cansancio, te susurró: "Ya no serás maltratado. Me perteneces. Eres mía para siempre. Mi novia para la eternidad". Un alivio y una paz abrumadores como nunca antes habías conocido surgieron en todo tu ser. "Soporté los golpes por ti. No te preocupes, amor mío. Mi yugo es fácil, y las cargas bajo Mi poder son ligeras. Yo soy el Amor y la Luz; no hay oscuridad en Mí. Aprenderás a ser como Yo, a vivir conmigo y a ser libre conmigo, tanto ahora como en Mi Reino. Algún día nos casaremos y celebraremos un banquete de bodas en nuestro honor, Mis prometidos. Nuestro Padre te entregó a mí y estoy preparando un lugar solo para ti. Para que sepas, eres el amor de Mi vida. Mi amor perfecto desterrará todos tus miedos. Tu vergüenza y tu culpa serán limpiadas, y serás hecha entera y completa. Ahora estás protegido. Nadie puede arrebatarte de mis manos. Agárrate fuerte a Mí, amor mío; ya casi estamos en Casa".

Haz una pausa y reflexiona.

Impacto personal

Una tarde, entré en una tienda de segunda mano que estaba convenientemente situada al lado de una tienda de comestibles a la que voy regularmente. Mi suegra acababa de mudarse a Florida desde Georgia y necesitaba una mesa de costura. Mientras pasaba por allí de camino al supermercado, vi en el escaparate una mesa que podía soportar el peso de su máquina de coser y que encajaba perfectamente en su nuevo hogar. Tuve que echar un vistazo y, al entrar, me atrajo inmediatamente su colección de libros usados. Entre los muchos libros usados apilados en cajas de cartón desgastadas había uno titulado *The Supernatural Ways of Royalty: Discovering Your Rights and Privileges of being a Son or Daughter of God* (Los caminos sobrenaturales de la realeza: descubriendo los derechos y privilegios de ser hijo o hija de Dios), de Kris Vallotton y Bill Johnson. Me llamó la atención el título de ser sobrenaturalmente real y decidí comprarlo. No me di cuenta entonces, pero Dios estaba a punto de usar ese libro para cambiarme para siempre.

Sorprendentemente, ese viejo y andrajoso libro describió sucintamente el estatus de realeza que se me otorgó a través de la fe en Jesús y Su obra terminada en la Cruz, donde tengo todo para la vida y la piedad según Sus riquezas en gloria. Aunque antes de leer la Biblia o de escuchar un sermón ya había oído que era heredero de Dios, coheredero con Cristo y embajador de Cristo, ese libro lo dijo de tal manera que me despertó a la realidad y al significado de mi identidad real.

Además, me vi por primera vez como desposada de Cristo, una novia que se prepara para recibir a su esposo. Cuando empecé a leer el libro en casa, todas las inseguridades no expresadas, los residuos invisibles de mi pasado, y cualquier vestigio de baja autoestima se desvanecieron instantáneamente. Por fin vi quién había sido siempre, incluso de niña. Soy una hija real elegida por Dios Todopoderoso y un miembro de la familia real del Cielo. Y no solo eso, estoy comprometida con la realeza, el Rey Jesús, con mi corazón retroactivamente y proactivamente completo en Él.

Haz una pausa y reflexiona

Esclava de Satanás o Novia Real de Cristo

Reconfigura tu pensamiento

Por favor lee y haz el siguiente ejercicio.

Nuestros pensamientos no siempre se alinean con lo que somos en Cristo. A continuación hay dos recuadros con algunas de las características o atributos de ser un esclavo de Satanás versus tu verdadera identidad como Su Esposa real.

En el primer recuadro, rodea las palabras que pueden estar manteniéndote en esclavitud o controlando tu vida de pensamiento (incluyendo pensamientos sobre ti, tu esposo u otros) con una mentalidad de esclava de Satanás (Hechos 26:18). Ten en cuenta que estas características pueden aparecer en tu vida diaria, pero si son continuas, controladoras o debilitantes, entonces puedes necesitar considerar cualquier estrategia o táctica que el enemigo esté usando para mantenerte en esclavitud a algo de lo que ya has sido liberada.

En el segundo recuadro, pon una estrella junto a los atributos de tu verdadero ser que más te impactan como Su novia real. Considera la posibilidad de decir diariamente en voz alta algunos o todos estos atributos reales, comenzando con "Yo soy...". Si te vienen a la mente otras características en cualquiera de las casillas, escríbelas en la casilla o en el margen.

Este ejercicio final prepara el escenario para la próxima semana, cuando entremos en el palacio como Su novia real y nos deleitemos en Su detallado y completo amor por Su Iglesia y por nosotros. **¡Él no puede esperar!**

Características de ser un esclavo de Satanás

Se siente poco querido

A la defensiva

Falta de mentalidad

Falso

Negativo

Falso orgullo

Se siente inútil

Solitario

Guarda rencor

Falsa humildad

Falta de amor

Se siente sucio

Cotillea

Complaciente con la gente

Perezoso

Narcisista

Codicia

Codependiente

Desaliñado

Hambriento de poder

Compara

Se siente no perdonado

Caótico

Estancado

Descontento

Exigente

Enfadado

Duro de corazón

Prepotente

Vergonzoso

Reaccionario

Busca su propia voluntad

Argumentativo

Celoso

Frustrado

Necesidad de tener razón

Culpable

Atascado en el pasado

Dominante

Glotón

Sin propósito

Características de ser una Esposa Real de Cristo

Conocido

Acepta el perdón de Cristo

Noble

Amable

Favorecido

Totalmente amado

Perdona a los demás

Tranquilo

Generoso

Gobierna y reina

Servidor

ContentoÚnico

Lleno de fe

Sentado en los reinos celestiales

Sabio

Satisfecho

Rezador

Paciente

Elegidos

Conocedor

Libertad

Especial

Reconocido

Apreciado

Veraz

Floreciente

Honrado

Obra maestra

Alegre

Aceptación

Risas

Perseguido por Cristo

Dotado

Elegante

Cediendo al Espíritu Santo

Receptivo

Corazón completo

Reflexivo

Graciosa

Mantiene Límites Saludables

Anima

Adorado

Embajador

Nutrido

Seguro

Capacita a otros

Calmado

Fiel

Visto

Protegido

Busca su voluntad

Confiado

Poderoso

Magnífico

Lleno de vida

Abundante

Orientado al crecimiento

Heredero de Dios

Digno

Eterno

Cantado por encima

Intenta

Coherente con Cristo

Íntegro

Humilde

Con propósito

Sin miedo

Vencedor

Personalmente cerca de Cristo

Valorado Positivo

Como Cristo

Victorioso

Se siente limpio

Digno

Príncipe/ Princesa

Alegre

Con mentalidad real

Bendito

Acepta el perdón de Cristo

Aristocrático

Amable

Solo creer

Física cuántica

Mi marido es un ejecutivo de una empresa tecnológica. Se licenció en Ingeniería Eléctrica y cursó un máster en Robótica en el Instituto Tecnológico de Georgia. Está claro que es un gurú de las ciencias y las matemáticas. Yo, no tanto. Soy más del tipo creativo, pero su trabajo y la materia que estudia me interesan. Solo necesito que me explique las cosas en términos sencillos, y aun así, puede que lo entienda o no. Sin embargo, nos encontramos en el medio con el amor por la investigación y el análisis y discutimos sobre lo que está sucediendo en el vertiginoso mundo de la tecnología, viéndolo a la luz de la teología. A ambos nos encanta ver cómo, a medida que aumentan los conocimientos, la ciencia sigue demostrando que las Escrituras son correctas una y otra vez, lo que refuerza aún más el mensaje de Cristo.

La física cuántica es un tema candente en el mundo de la ciencia del que hablamos regularmente, tratando de entenderlo. En particular, hay un área de la física cuántica llamada "efecto del observador".[1] Esencialmente, el efecto del observador es otro término para la fe.[2] Sugiere que lo que observas o te enfocas aparecerá y se convertirá en una realidad.[3]

Sé que puede sonar así, pero le aseguro que esto no es una enseñanza de la nueva era; Cristo ha dicho esto repetidamente en Su Palabra, como se evidencia en las escrituras a continuación. Sí, Él lo dijo primero antes que Max Planck, considerado uno de los fundadores de este avance científico de la Teoría Cuántica.[4]

"Y Jesús le dijo: "¡Si puedes! Todo es posible para el que cree". (Marcos 9:23, RVR)

"Por la fe entendemos que el universo fue creado por la palabra de Dios, de modo que lo que se ve no fue hecho de cosas visibles". (Hebreos 11: 3)

"Ahora bien, la fe es la confianza en lo que esperamos y la seguridad en lo que no vemos". (Hebreos 11: 1)

"Tened fe en Dios", les dijo Jesús. "En verdad os digo que si alguno dice a este monte: "Levántate y échate al mar", y no tiene ninguna duda en su corazón, sino que cree que así será, le sucederá". (Marcos 11:22–23)

"Por eso os digo que todo lo que pidáis en la oración, creed que lo habéis recibido, y os será concedido". (Marcos 11: 24)

"Oyendo lo que decían, Jesús le dijo: "No tengas miedo; solo cree". (Marcos 5: 36)

"Jesús les dijo: "Esta es la única obra que Dios quiere de ustedes; crean en el que él ha enviado". (Juan 6:29)

"Si creen, recibirán todo lo que pidan en la oración". (Mateo 21:22)

Cada una de estas escrituras se conecta con la ciencia del efecto del observador. Esta sección muestra que el mundo de la ciencia o los incrédulos operan en el sistema cuántico, exhibiendo la fe (aunque no la salvación).

Debemos abrir nuestros ojos espirituales a la realidad del sistema de fe que Dios creó. Esto nos ayudará a pensar y creer como el hijo real de Dios y la novia de Cristo que somos. Si pedimos según su voluntad, él nos escucha. Y si sabemos que nos escucha -cualquier cosa que pidamos- sabemos que tenemos lo que le pedimos (1 Juan 5: 14-15). Si los incrédulos pueden tener cosas en lo natural, ¿cuánto más dará Él gratuitamente a sus hijos cuando pidan y crean en la bondad y providencia sobrenatural de su mano bondadosa (Mateo 7:9-11)?

Nombra tres características reales de ti mismo que puedas creer que tienes ahora mismo con todo tu corazón y mente por fe y escríbelas abajo.

_____

_____

_____

_____

_____

Esposas y sirvientes reales

La verdadera humildad en el trabajo

"Jesús sabía que el Padre había puesto todas las cosas bajo su poder, y que había salido de Dios y volvía a Dios; así que se levantó de la comida, se quitó la ropa exterior y se envolvió la cintura con una toalla. Después, echó agua en una palangana y se puso a lavar los pies de sus discípulos, secándolos con la toalla que tenía envuelta." (Juan 13: 3-6)

En este pasaje, Jesús sabía que iba a partir pronto de regreso al Padre, pero también reconoció su autoridad como Rey sobre todas las cosas vistas y no vistas. Después de afirmar esta verdad, aparece una conjunción de así que lo lleva a lavar los pies de sus discípulos. **Esta conexión de la realeza con el servicio es clave**. El propósito de conocer tu identidad real es entender tu verdadero ser y valor en Cristo y, desde esa posición, servir incondicionalmente sin necesitar nada a cambio. Es para que sepas quién y de quién eres en el Reino en primer lugar para servir como Cristo-en genuina bondad y verdadera humildad. Es un hombre interior tranquilo, completo y confiado que puede servir como lo hizo Cristo, ya sea dentro o fuera del hogar.

Sabiendo que ya estás perdonada y completa debido a Su sacrificio y porque eres una heredera real del Reino solo por la fe te lleva a la verdadera humildad como la de Cristo. A veces cuando los cristianos sirven, pueden hacerlo por una necesidad vacía dentro de ellos mismos. Por ejemplo, algunos cristianos pueden servir para ser vistos (falso orgullo) o disminuirse a sí mismos (falsa humildad) para ganar su favor o el de otros, lo cual viene de una falta de entendimiento de la obra terminada de la Cruz y la plenitud del amor de Cristo derramado en sus corazones a través del Espíritu Santo. (Ver Sección 2 para más información sobre este estado de ser.) Ser real en Cristo no es pensar más en uno mismo. Es un estado de ser otorgado que mantiene una mentalidad regia con una postura auténtica de servicio que humildemente ama y sirve a otros desde un corazón que Dios creó dentro de ti a través de Su amor ágape incondicional.

Como tal, tener la mentalidad de un cónyuge real debe cambiar la forma en que nos relacionamos y servimos el uno al otro en nuestros matrimonios, tanto en privado como en público. El enemigo sabe que si puede bloquear la verdad de nuestro estatus real y de nuestra plenitud en Cristo, puede distraernos centrándose en los problemas de autoestima que podamos tener y que estén arraigados en un pasado tumultuoso o en la falta de información sobre Cristo y su obra completada. En lugar de estar en una relación marital desequilibrada donde un cónyuge puede ser dominante y el otro pasivo, esta verdad fundamental y eterna de quiénes somos en Cristo puede traer un estado de equilibrio a un matrimonio que trae honor, respeto y disfrute genuino en la presencia del otro. Al seguir a Cristo con verdadera humildad, nos serviremos mutuamente en el matrimonio, en nuestras familias, en la Iglesia y en un mundo moribundo que necesita un Salvador, caminando de una manera digna de nuestra vocación (Efesios 4:1, 1 Pedro 3:7).

Haz una pausa y reflexiona.

Adopción y matrimonio

Entrando en el Palacio

Los hijos del padre

Cuando creímos en Cristo como nuestro Señor y Salvador y le entregamos nuestras vidas, nos convertimos instantáneamente en un hijo o hija del Altísimo. Fuimos adoptados y entramos en la más alta clase real. "Dios decidió de antemano adoptarnos en su propia familia trayéndonos a sí mismo a través de Jesucristo. Esto es lo que quiso hacer, y le dio gran placer" (Efesios 1:5). Además, Dios dice en su Palabra: "El Espíritu que recibisteis no os hace esclavos, para que volváis a vivir en el temor; más bien, el Espíritu que recibisteis hizo que fuerais adoptados como hijos. Y por él clamamos Abba, Padre. El mismo Espíritu testifica con nuestro espíritu que somos hijos de Dios. Y si somos hijos, también somos herederos de Dios y coherederos de Cristo, si es que participamos en sus sufrimientos para tener parte en su gloria" (Romanos 8:15–17). Cada día nos parecemos más a Cristo. Puede ser un viaje largo y desafiante, pero todos estaremos listos para disfrutar de nuestro Padre Dios, nuestro Esposo, el Rey Jesús, y nuestra familia real de creyentes para siempre.

La Novia de Cristo

Cuando Cristo regrese para recuperar a Su Novia, que incluye a todos los creyentes, ella será preparada para el matrimonio (uno en Él). Él es el Novio, y nosotros somos la novia de Cristo. Esto significa una relación muy personal e íntima de corazón, como la relación entre un esposo y una esposa (Génesis 4:1, Lucas 1:34). El Cantar de los Cantares 3 describe al rey, que representa a nuestro Esposo-Rey Jesús, de camino a su boda en un carruaje salpicado de carmesí y cubierto de amor y misericordia. Dice que este es el día lleno de alegría sobrecogedora- el día de su gran alegría (TPT). La cena de las bodas del Cordero está próxima, y los que asistan serán revestidos únicamente de su justicia y estarán preparados para disfrutar de él cara a cara para siempre (Mateo 22:12–14).

Embajadores Reales de Cristo

En misión conjunta

"Así que somos embajadores de Cristo, como si Dios hiciera su llamamiento a través de nosotros; nosotros [como representantes de Cristo] os rogamos en nombre de Cristo que os reconciliéis con Dios". 2 Corintios 5:20, AMP

Una embajada es el lugar donde los representantes o embajadores de otros países prestan sus servicios en un país ajeno al suyo. Las embajadas están ubicadas principalmente en la ciudad capital de un país, con ubicaciones adicionales o consulados establecidos en las ciudades circundantes.[5] El embajador tiene un alto rango y por lo tanto tiene ciertos poderes y privilegios otorgados por el país de origen.

Del mismo modo, los creyentes son embajadores del Cielo en este mundo extranjero. Según Efesios 2:6, estamos sentados con Cristo en los reinos celestiales. Como tal, ocupamos una posición de alto rango, recibiendo ciertos poderes y privilegios para cumplir una misión evangelizadora en nombre del Cielo y para el beneficio de aquellos en un país "extranjero". En consecuencia, no es una posición que deba tomarse a la ligera. Es una posición seria de realeza. El nombre de Cristo debe ser bien representado a toda costa.

Hay muchas maneras externas de parecer y actuar como un embajador real. Es posible que muchas personas no conozcan las reglas y costumbres que hay detrás de los muros del palacio o del gobierno en la tierra. Cuando se visitan otras tierras, se aprenden y se emplean estrictos modales y etiqueta externos. Sin embargo, en el reino de los cielos, las apariencias externas (que, sí, son importantes) son secundarias a la condición del corazón. Entonces, ¿cómo debemos lucir y actuar en la tierra como Su embajador real? Leamos cómo entrar en este papel de embajador real celestial.

Sé Atractiva de Corazón

Todos sabemos lo atractivo que es el fruto del Espíritu. Los rasgos de carácter como la amabilidad, la bondad, el amor, la gentileza y la fidelidad son un testimonio para el mundo de la belleza interior y la majestuosidad de Cristo. Pablo dice en Efesios 5:15–16: "Tened, pues, cuidado con lo que hacéis; estos son días difíciles. No seáis tontos, sino sabios: aprovechad todas las ocasiones que tengáis para hacer el bien" (RVR). Incluso cuando la realeza terrenal, como la futura reina de Inglaterra, Kate Middleton, se relaciona con personas de fuera, se la ve como bondadosa, compasiva y con autocontrol. La gente que la ve en persona y en todo el mundo ante las cámaras afirma sistemáticamente que está asombrada por su regio aplomo y su corazón amoroso. Al igual que Kate Middleton representa a la Monarquía del Reino Unido, nosotros también debemos ser intencionados a la hora de representar el Reino de Dios. Creer en los atributos de la novia de Cristo, enumerados en el ejercicio anterior, y actuar de acuerdo con ellos, nos ayuda a caminar con sabiduría hacia las personas de fuera, haciendo el mejor uso del tiempo (Colosenses 4:5).

Ser Atractivo por fuera

Tengo cuidado de no poner demasiado énfasis en las apariencias externas, ya que la Palabra es clara en que las apariencias externas no se comparan con el corazón (1 Samuel 16:7). Por ejemplo, Dios considera que una mujer con un espíritu tranquilo y apacible es muy valiosa a sus ojos (1 Pedro 3:4). Sin embargo, una apariencia física cuidada, sin importar la edad, es otra forma de representar bien Su Reino. (1 Corintios 6:19–20).

Aunque la carne no puede entrar en el Reino, Él nos resucitará y transformará nuestros cuerpos actuales en el último día (Juan 6:40). Su templo fue comprado a un alto precio, y debemos honrar a Dios con nuestros cuerpos. El mantenimiento de nuestros cuerpos físicos es una característica real de los creyentes (1 Corintios 3:16–17, 1 Corintios 6:19–20, 1 Timoteo 2:9, 1 Timoteo 4:8, 3 Juan 1:2 y Efesios 5:29). Los miembros de la realeza se visten modestamente pensando en los demás, no solo en ellos mismos (Romanos 14:13). Como sus representantes, debemos considerar comer sano y hacer ejercicio, vestirnos adecuadamente y mantener nuestros hogares limpios y hospitalarios. En última instancia, debemos ser conscientes de representar Su Nombre lo mejor posible, tanto interior como exteriormente.

Visión general de la realeza

Gobernantes terrenales

La definición de realeza

El diccionario Merriam-Webster define real como ser de ascendencia real y parte de una familia real.[6] La palabra "real" se usa en 1 Pedro 2:9 para decir: "Pero vosotros sois un pueblo elegido, un sacerdocio **real**..." (RVR) y se define además en el diccionario hebreo Strong's 4467 como "real y regio".[7] En el griego original, se usa como adjetivo, basileios, que se relaciona con palacios y un cuerpo de reyes. Curiosamente, en griego, se utiliza para señalar un "cuerpo de reyes".[8] Esto podría relacionarse con el incontable número de creyentes que serán reyes. Nótese mi énfasis en la "r" minúscula, como se señala en el pasaje bajo el gobierno soberano de nuestro Único Rey, Jesús.

Realeza vs. Nobleza

"En la casa de mi Padre hay muchas habitaciones. Si no fuera así, ¿os habría dicho que voy allí a prepararos un lugar? Y si voy y os preparo un lugar, volveré y os acogeré en mi presencia, para que también vosotros estéis donde yo estoy". (Juan 14:2–3)

Hay una clara diferencia entre ser considerado realeza y nobleza. Realeza significa que eres un miembro de la familia real. Los títulos de la familia real incluyen rey, reina, príncipe y princesa. Aunque se considera aristocrática y de clase social alta como la realeza, la nobleza está fuera de la familia real unida. Al igual que la realeza, la nobleza se transmite generalmente de forma hereditaria a través de generaciones, incluyendo títulos como duque, duquesa, condes, condesas, barones y baronesas.[9]

Me asombra que Dios nos haya colocado por medio de Cristo para la eternidad como parte de su familia real inmediata. No solo somos nobles con todos los privilegios de la alta sociedad y la clase; somos personalmente cercanos y amados como miembros de la familia de Dios, un hijo real para siempre que disfrutará de la vida eterna con Él en su propia casa. Que inversión completa de nuestro estatus antes de ser salvados por Cristo. Pasamos de la más baja y lamentable posición de esclavos a la más alta y reverenciada posición real en Su familia. Alabaremos a Cristo por siempre por su amor y sacrificio inmerecido para traernos a casa y mantenernos cerca de su lado como familia por la eternidad.

La Realeza en la Tierra

Históricamente, la mayoría de los países fueron gobernados bajo un gobierno real monárquico, y algunos todavía lo son hasta el día de hoy. El sistema político de una monarquía se estableció para que una autoridad suprema supervisara como jefe de estado, obteniendo su posición principalmente de manera hereditaria.[10] Aunque este estilo de gobierno es apto para funcionar en la corrupción e incluso el mal en la tierra, es el estilo de gobierno y reinado que podemos esperar experimentar con perfección en el Cielo.

También es una monarquía porque el Rey Jesús gobierna y reina sobre el cielo y la tierra. En Hechos 4:24, Él es llamado "Señor Soberano", lo que significa que Él lo hizo todo, está sobre todo, y es dueño de todo. No es una democracia en el cielo. No hay votaciones. No hay controles y equilibrios. Sí, gobernamos y reinamos como co-herederos con Cristo, pero no se equivoquen, Él es el Rey. Nuestras coronas serán puestas a sus pies. Nos inclinaremos y alabaremos su omnisciencia. Todos se inclinarán, incluso los del infierno. Lo adoraremos y alabaremos por la eternidad. A diferencia de los reyes y reinas que han gobernado y reinado en la tierra, Él lo hace de manera impecable.

Designación divina

Muchos gobernantes con títulos de la realeza se consideraban principalmente posicionados por designación divina y bajo control divino, elegidos para gobernar y reinar por una autoridad superior, y por lo tanto no sujetos a ningún poder terrenal.[11] El "Derecho Divino de los Reyes" en los países europeos y el "Mandato del Cielo" en China son dos ejemplos de legitimación de muchas monarquías absolutas.[12]

Israel

Israel es, con mucho, el sistema monárquico histórico principal y más importante para los cristianos porque dio a luz a Cristo nuestro Salvador a través del linaje del rey David. Antes del rey David, el rey Saúl fue el primer monarca de Israel. Israel cayó en el mundo visto de reyes y reinas del Medio Oriente. Pidieron a Dios su propio gobernante para gobernarlos, descuidando así a su verdadero Rey. 1 Samuel 8 registra que los jueces nombrados por Dios no fueron suficientes para satisfacer al pueblo de Israel porque nunca fueron destinados a ser gobernados por un hombre. Y a pesar de la corrupción de los hijos de Samuel como jueces, que les causó una gran decepción (1 Samuel 8:4–5), su petición de un gobernante supremo humano no agradó al Señor. Al leer el texto, se puede imaginar su corazón quebrándose al ver que sus hijos lo rechazaban a Él y a su liderazgo, pues Él conocía las consecuencias de ser reinado por los corazones corruptos de los hombres con autoridad y control desenfrenados.

"Y el Señor le dijo: 'Escucha todo lo que el pueblo te dice; no es a ti a quien han rechazado, sino a mí a quien han rechazado como su rey'" (1 Samuel 8: 7 NVI). Dios expone a su pueblo los peligros de los gobernantes humanos. En el versículo 11, continúa: "Esto es lo que hará el rey que reinará sobre ustedes: Tomará a tus hijos y los hará servir con sus carros y caballos, y correrán delante de sus carros" (NVI) advirtiéndoles de su uso para la guerra. El Señor continuó alertándoles diciendo que también tomarían a sus hijas para trabajar para ellos junto con lo mejor de los campos y rebaños. Dios estaba tratando de enviar un mensaje claro y terrible a su pueblo y al mundo de que su gobierno soberano es la única realeza verdadera, justa y amorosa que necesitaban y que todos los demás gobernantes vivirían para su propio poder, prestigio y posesiones.

América

A pesar de la intención inicial de los padres fundadores de establecer un país como el cielo en la tierra bajo la monarquía de Cristo Rey, América ha perdido su realeza con el tiempo a través de un gobierno decadente que se ha establecido, aunque mejor que la mayoría. Es ampliamente conocido y se cree por múltiples relatos que uno de los lemas de la Guerra de la Independencia fue: "¡No hay más rey que el Rey Jesús!"[13] Nuestros padres fundadores dieron su vida para salir del sistema monárquico humanamente corrupto de Inglaterra. Celebramos su sacrificio y disfrutamos de innumerables libertades que aquellos en otros países sin esas mismas libertades solo podían soñar. Los patriotas de ayer y de hoy comprendieron esta verdad, y los honramos a ellos y a su servicio por ello. Nosotros, que entendemos el privilegio que supone tener una nación construida sobre principios bíblicos, seguimos creyendo que vale la pena luchar por Estados Unidos, y muchos siguen sosteniendo que el Rey Jesús es nuestro Gobernante Soberano.

La Realeza Hoy

Las monarquías siguen existiendo hoy en día, pero son muy reducidas y con un poder limitado.[14] La monarquía más antigua de la tierra que sigue existiendo es la Casa Imperial de Japón o dinastía Yamato, establecida en el año 660 a.C.[15] Otras monarquías siguen existiendo, incluyendo Inglaterra, Dinamarca, Suecia, Luxemburgo, Mónaco, Noruega, y otras en el Medio Oriente y Asia.[16] Sorprendentemente, China, con su conocida historia de emperadores y la infame ciudad prohibida en Beijing, ya no se considera una monarquía. El emperador Puyi de la dinastía Qing se convirtió en el último emperador de China el 12 de febrero de 1912.[17]

Cierre

Como creyente en Cristo, tienes un título real y un papel dado por Dios ahora y para la eternidad. Los títulos terrenales como esposa, madre, hermana, hija, o en una carrera son secundarios a su posición en el cielo. Creer y verte a ti misma como hija real de Dios, parte de la novia de Cristo, y embajadora de Cristo en la tierra es primordial para tu caminar diario individualmente y casada.

Cuando aceptemos esta realidad de lo que la Cruz nos concedió por fe, nos veremos a nosotros mismos, a nuestros cónyuges, a nuestros hijos y a nuestros compañeros creyentes en Cristo bajo una luz completamente diferente. Nos veremos como iguales que son dignos, nobles y en una misión sagrada que dicta tanto amor y respeto por los demás. Las relaciones que nos rodean se convierten en lo que se pretendía: más ricas, más unificadas y sumamente alegres en el propósito y la expectativa de la eternidad juntos.

No importa de dónde vengas, lo poco o mucho que tengas, lo que te haya pasado en el pasado, o lo que parezcas o sientas, eres de la realeza en Cristo, y eso debería cambiar tu forma de pensar y tus acciones hacia ti misma, tu cónyuge y los demás. Ya sea que estés sin pareja, saliendo con alguien o casado, todo lo que alguna vez conociste se ve de manera diferente a través de este lente real eterno, y establece el escenario para vivir como se supone que debes hacerlo, lo cual es humildemente en Su gracia y confiadamente en el poder de la misión en nombre de Su reino, viviendo la vida a plenitud. (Juan 10:10).

Ahora, podemos entrar en las Semanas 2 y 3 y comenzar el proceso de sumergir nuestro ser real en Su amor alucinante. ¡Vamos a sumergirnos!

Cristo y su Esposa, la Iglesia

Un matrimonio hecho en el cielo

Señoras, todas anhelamos el matrimonio perfecto. La confianza implícita, la comprensión tácita, las conversaciones profundas, los ataques de risa, la intimidad apasionada, los puntos en común y las aventuras espontáneas son algunas de las alegrías del matrimonio. Es uno de los mayores regalos del Señor en la vida (1 Timoteo 4:3). Sin embargo, también sabemos que alcanzar este tipo de matrimonio en este lado del cielo puede ser un reto a veces, porque por mucho que crezca nuestro hombre interior, nuestra carne exterior sigue requiriendo un esfuerzo para mejorar tanto en el hombre como en la mujer (2 Corintios 4:16). Habrá inevitables desilusiones, discusiones, decepciones y errores que abordar y resolver a lo largo del matrimonio continuamente, pero anímate, existe el matrimonio perfecto, y es mejor de lo que podrías soñar. Es el esponsalicio y el futuro matrimonio entre Cristo y su Iglesia, y es el ejemplo para todos los matrimonios pasados, presentes y futuros. Es el matrimonio más asombroso que jamás existirá. Con todos los atributos que señalé anteriormente, y todo lo que podemos pensar o incluso imaginar, este matrimonio desposado y futuro es la conexión definitiva que nuestra alma anhela intensamente (Efesios 3:20). No hay manera de llegar a las profundidades de este amor sobrenatural. Es perfectamente glorioso y eterno. Es una conexión profundamente íntima y personal, tanto colectiva

> "...existe el matrimonio perfecto, y es mejor de lo que podrías soñar"

como individualmente, con el Único, Cristo, nuestro Señor y Salvador. Está más allá de nuestra comprensión lo mucho que el Esposo ama a su Esposa. Se trata de un amor que hará que los pulsos se eleven, los latidos del corazón se aceleren y las respiraciones se corten en la realidad de esta dichosa unión (Cantar de los Cantares 2:5-6). Esto va más allá del enamoramiento o el romance. En las páginas que siguen, aprenderás acerca de esta conexión de amor sobrenatural que comenzará a agarrar tu corazón y te sumergirá en una niebla de felicidad celestial mañana, tarde y noche.

En tus pensamientos sobre lo que debe ser el matrimonio, todo lo que has anhelado, todo lo que has imaginado y todo lo que has anhelado, se encuentra en este desposorio y futura unión matrimonial con Cristo. Esto es una buena noticia. Esto es para lo que cada uno de nosotros fue creado, lo que realmente desea y para lo que está siendo preparado. Mientras escribo esto, mi corazón está a punto de estallar ante la idea de que todos nosotros finalmente estemos completos en esta santa unión celestial.

Debes saber esto

Tanto los hombres como las mujeres son la Novia porque cada uno de nosotros es parte de Su Iglesia. La Iglesia ha sido entregada a Jesús de parte del Padre, y una fiesta de bodas se llevará a cabo en el Cielo tal vez más pronto de lo que pensamos. Fuiste escogido para estar casado (uno con Él) por la eternidad como el esposo y la esposa son una sola carne. Piensa en eso por un momento. Él te conoció de antemano y te predestinó a estar con Él para siempre. Su ojo está siempre en ti (Salmo 33:13-14, Proverbios 15:3). Él tiene un plan y un propósito para ti en la tierra como Su embajador real, pero no te equivoques, tú y la Iglesia son Su Novia. Ya sea que estés soltera, saliendo con alguien o casada aquí en la tierra, tú eres primero la novia de Cristo. Él es el que llena todas tus necesidades más profundas y sirve como el Único ejemplo que puede traer perspectiva y alivio a tu propio o futuro matrimonio. A medida que empieces a ser más consciente de la profundidad de Su amor por ti a través de este libro, Su amor perfecto se convertirá en algo tan saciante para tu alma que no serás capaz de contener el gozo y la paz de él. Él dice que Su amor perfecto echará fuera todos tus temores (1 Juan 4:18). No importa el ejemplo de matrimonio que hayas visto al crecer, ya sea que hayas experimentado uno disfuncional dentro de tu familia de origen o tu propio matrimonio imperfecto, estás a punto de mirar el corazón de tu Esposo y el perfecto desposorio y futuro matrimonio con Él, y nunca más serás o verás el matrimonio de la misma manera.

¿Sabías que…?	Sí	No
1. Cristo canta sobre su Esposa mientras ella le trae deleite y alegría… (Sofonías 3:17)		
2. ¿Cristo vio a su Esposa antes de sufrir en la Cruz, sabiendo el gozo que le esperaba? (Juan 17:24, Hebreos 12:2)		
3. Cristo es tu abogado y el de la Iglesia ante el Padre y Satanás (1 Juan 2:1, Apocalipsis 12:10)		
4. Eres conocido de antemano y elegido por el Padre como un regalo para Jesús… (Romanos 8:29, Juan 6:37, Juan 17:1-2, Juan 17:24)		
5. Jesús vela por su Iglesia y la protege siempre convocando a los ángeles en su favor? (Salmo 91:11, Salmo 103:20, Hebreos 1:14)		
6. Jesús espera que veas su gloria y seas glorificado con Él… (Juan 17:22-24)		
7. Se celebrará un banquete de bodas en el cielo para Cristo y su Iglesia… (Apocalipsis 19:7-10)		
8. Por su gran amor, Cristo dejó el cielo, vino a la tierra y se sacrificó por su Esposa (Efesios 5:25)		
9. Dios ha desposado a la Iglesia con un solo marido como una novia virgen y casta para Cristo… (2 Corintios 11:2)		
10. ¿Cristo regresará por su Novia para salvarla de la ira venidera? (Romanos 5:9, 1 Tesalonicenses 5:9, 1 Corintios 15:51-53)		

Este ejercicio de encuestas fue diseñado para presentar la preciosa verdad del amor de Jesús por su Novia comprada con sangre, que te incluye a ti. También nos abre los ojos para ver cuán significativa es nuestra relación con Jesús. El conocimiento de nuestra unión con Cristo en el lenguaje del Esposo y la Esposa profundiza nuestra conexión con Él. Como nuestro Esposo celestial, Él se sacrifica perfectamente, protege, aboga, nutre, cuida, sirve y mucho más. Al leer este libro, ruego que tengas el poder de comprender Su gran amor por ti, que cambiará para siempre tu relación con Él y con tu cónyuge. Tanto tú como tu cónyuge son completos y totalmente amados en Él, hasta desbordarse. Y a medida que sus copas rebosen, se amarán el uno al otro no desde el amor humano, sino desde Su amor divino que creará un matrimonio extraordinario (Efesios 3:18, Colosenses 2:10, Salmo 23).

Te insto a que te detengas y reflexiones sobre las afirmaciones anteriores y no las pases por alto. Busquen en las Escrituras para entender mejor que la culminación en Cristo se desprende de su pasado y los catapulta hacia su futuro. Ustedes son hechos para ser nuevas creaciones en Cristo Jesús. Su sacrificio borró tu pecado-está perdonado y olvidado. Su sangre es más poderosa que cualquier cosa que hayas podido hacer o vayas a hacer. Hoy, mientras lees, te pido que abras tu corazón y te deleites en Su amor ilimitado. Ruego que empieces a verte a ti misma (y a tu cónyuge) como Él te ve. Que comiences a experimentar la incomprensible libertad del amor de nuestro Salvador. Esto puede parecer difícil de imaginar, pero es tan simple como creer firmemente en su estado de limpieza a través de la Cruz, conocer su estatus real, y caminar en Su amor diariamente. Esta sección, espero, te llevará a Sus brazos donde Su mano izquierda acuna tu cabeza mientras Su mano derecha te sostiene cerca para que puedas descansar en este amor para siempre (Cantar de los Cantares 2:6).

"

La salvación a través de Jesús es una elección hecha desde el corazón solo entre tú y Él. No es simplemente una amistad, sino una elección de estar en una relación de amor entre dos personas que se conocen profunda y personalmente.

"

Una relación personal e íntima

El novio y la novia

El uso del término "Esposa" para describir a la Iglesia ilustra la intimidad que Dios desea tener con nosotros. Esta relación es diferente de la relación hijo-padre con el Padre. Las Escrituras comparan claramente a Cristo y Su Iglesia como un matrimonio entre un hombre y una mujer (Efesios 5:22–25). A pesar de que Jesús llamó a Sus discípulos Sus amigos, también es importante señalar que una relación de marido y mujer no es "de amigos"; es cercana y personal (Juan 3:29). La salvación a través de Jesús es una elección hecha desde el corazón solo entre tú y Él. No es simplemente una amistad, sino que es una elección de estar en una relación de amor entre dos personas que se conocen profunda y personalmente. En Lucas 10:27, Jesús dice que hay que amar a Dios con todo el corazón, el alma, la mente y las fuerzas. En otras palabras, nuestros corazones deben arder por el Señor con una pasión que consuma nuestros pensamientos y acciones hasta que seamos débiles de amor por Él (Cantar de los Cantares 5 3–4).

El tipo de amor al que me refiero fue ejemplificado en el Rey David cuando arrojó toda la lógica y propiedad de ser rey al viento abandonando su reputación terrenal para danzar en la vista y el amor de su Dios que estaba en lo más profundo de su ser. Esa expresión apasionada, completamente irracional y sobrenatural es el tipo de amor que creo que Jesús estaba describiendo en Lucas 10:27. Y más adelante, en el Cantar de los Cantares 4:6, la mujer sulamita, que representa a la Iglesia de Cristo individual y colectivamente, describe su pasión por su Novio. "Me he decidido. Hasta que desaparezcan las tinieblas y amanezca plenamente, a pesar de las sombras y los temores, iré contigo a la cima del monte, al monte del amor sufriente y a la colina del incienso ardiente. Sí, seré tu novia" (TPT). Este amor lo elige por pura pasión y gratitud hacia el Esposo que lo dio todo y nos salvó. Nuestros corazones deberían arder por su presencia aquí y ahora y esperar verle en la gloria.

> **¿?** ¿Cómo te sientes al saber que has sido escogida como parte de Su Novia, y que Él se entregó por ti?
>
> ¿Cómo se ve una relación personal con Cristo ahora en una base diaria con su pasado muerto y desaparecido y su nuevo corazón completo hasta rebosar en Su amor?
>
> ¿De qué manera específica puedes acercarte a Él en tu corazón, alma, mente y fuerza, sabiendo que Él te restauró de vuelta al Padre y anhela una relación más cercana y personal contigo?

Verdades bíblicas

Su gran amor por ella

Las escrituras que aparecen a continuación deberían despertarte a este amor y unión perfectos entre Cristo y Su Iglesia. A través del poder del Espíritu Santo, nuestro maestro y guía, estamos siendo preparados para Su regreso para presentarnos radiantes ante Él (Efesios 5:27). Es un proceso que culmina en el día en que Él y Su Novia se unirán finalmente para siempre cuando asistamos a la cena de las bodas del Cordero y vivamos juntos por la eternidad.

Mientras tanto, estamos llamados a disfrutar de su gran amor por nosotros y saber que como el Padre ama a Jesús, Jesús nos ama a nosotros (Juan 15:9). ¿Te lo puedes imaginar? El Hijo que eligió ser asesinado sin piedad por nuestra rebeldía y nuestros pecados nos ama como su Padre le ama a Él. Él es el Hijo perfecto, y sin embargo, a través de la Cruz, somos como Él ahora. De hecho, como Él es, así somos nosotros en este mundo (1 Juan 4:17). ¿Cómo podemos pasar otro día sin sumergirnos en Su amor y permitir que nos devuelva la plenitud de mente, cuerpo y alma? Si tienes el reto de recibir Su amor, por favor sigue leyendo y permite que las escrituras te abracen mientras el Espíritu Santo vierte Su amor en tu corazón de una vez por todas (Romanos 5:5).

Leer y releer las escrituras a continuación deposita esta verdad saciante más y más profundamente en nuestros corazones, ofreciendo una plenitud que ningún otro humano puede ofrecer. Para ser francos, este es el propósito principal de este libro. Somos ovejas perdidas que buscan continuamente la siguiente cosa mejor sin esto. Sin demora, ven y bebe y bebe del Agua Viva hasta que estés saturado por Su amor en todos los sentidos. Entonces, deja que caiga en cascada sobre el borde del pozo de tu corazón hacia tu cónyuge, familia, amigos y un mundo que necesita un Salvador.

Por favor, lee las siguientes escrituras y rodea todas las palabras que hablan del amor de Cristo por Su Iglesia.

"Y que podáis sentir y comprender, como deberían hacerlo todos los hijos de Dios, cuán largo, cuán amplio, cuán profundo y cuán alto es realmente su amor; y que experimentéis este amor por vosotros mismos, aunque es tan grande que nunca veréis el final de él ni lo conoceréis o comprenderéis plenamente. Y así, al final, estaréis llenos de Dios mismo". (Efesios 3:18–19)

Porque llegas a mi corazón. Con un destello de tus ojos me deshago en tu amor, mi amada, mi igual, mi novia. Me dejas sin aliento..." (Cantar de los Cantares 4:9)

"Pero Dios es tan rico en misericordia; nos amó tanto que, aunque estábamos espiritualmente muertos y condenados por nuestros pecados, nos devolvió la vida cuando resucitó a Cristo de entre los muertos -solo por su inmerecido favor hemos sido salvados- y nos levantó del sepulcro a la gloria junto con Cristo, donde nos sentamos con él en los reinos celestiales; todo por lo que hizo Cristo Jesús." (Efesios 2:4–5)

"Y ruego que Cristo esté cada vez más en casa en sus corazones, viviendo dentro de ustedes mientras confían en él. Que vuestras raíces se hundan en la tierra del maravilloso amor de Dios". (Efesios 3:17)

"Estad llenos de amor hacia los demás, siguiendo el ejemplo de Cristo, que os amó y se entregó a Dios como sacrificio para quitar vuestros pecados. Y Dios se complació, porque el amor de Cristo por vosotros fue como un dulce perfume para él". (Efesios 5:2)

"Porque siento celos divinos por vosotros, ya que os desposé con un solo marido, para presentaros como una virgen pura a Cristo". (2 Corintios 11:2)

"Mi querida novia, mi paraíso privado, abrazada a mi corazón. Un manantial secreto eres tú que nadie más puede tener-mi fuente burbujeante oculta a la vista del público. Qué pareja perfecta para mí ahora que te tengo". (Cantar de los Cantares 4:12)

"Maridos, amad a vuestras mujeres, como Cristo amó a la iglesia y se entregó por ella..." (Efesios 5: 25)

"Porque nadie ha odiado jamás su propio cuerpo, sino que lo nutre y lo cuida, como Cristo lo hace con la iglesia" (Efesios 5: 29)

"Pero Dios muestra su amor por nosotros en que, siendo aún pecadores, Cristo murió por nosotros". (Romanos 5:8)

"He sido crucificado con Cristo. Ya no vivo yo, sino que es Cristo quien vive en mí. Y la vida que ahora vivo en la carne la vivo por la fe en el Hijo de Dios, que me amó y se entregó por mí." Gálatas 2:20

"Nosotros amamos porque Él nos amó primero". (1 Juan 4: 19)

"En esto conocemos el amor: en que él dio su vida por nosotros, y nosotros debemos dar nuestra vida por los hermanos". (1 Juan 3: 16)

"Un mandamiento nuevo os doy: que os améis los unos a los otros: como yo os he amado, también vosotros debéis amaros los unos a los otros." (Juan 13:34)

"Y de Jesucristo, el testigo fiel, el primogénito de los muertos y el soberano de los reyes en la tierra, al que nos ama y nos ha liberado de nuestros pecados con su sangre y nos ha hecho un reino, sacerdotes de su Dios y Padre, a él sea la gloria y el dominio por los siglos de los siglos. Amén". (Apocalipsis 1:5–6)

"Digno eres, Señor, de recibir la gloria, la honra y el poder; porque tú creaste todas las cosas, y por tu voluntad son y fueron creadas". (Apocalipsis 4:11)

¿? ¿Qué escritura ha comenzado a cambiarte para que comprendas plenamente este amor infinito y siempre presente de Cristo por su Iglesia y por ti individualmente?

¿Qué escritura puedes anotar y memorizar hoy para mantener esta fuerte relación a la vista como una forma de mantener la verdad de tu completo amor, perdón y plenitud en Cristo?

¿Estás listo para ver las diferentes áreas del amor de Cristo que estaban destinadas a llenar tu corazón que Él creó hasta completarlo? ¿Por qué o por qué no?

Como Cristo ama a la Iglesia

Su corazón se completa

El amor de Cristo por su Iglesia no tiene límites. Son uno en el corazón. Él ama y ministra perfectamente su corazón y el de cada uno de nosotros simultáneamente en todo el mundo. La imagen ilustrada de un corazón me vino a la mente cuando empecé a componer este libro. Muestra segmentos del corazón de Cristo que se derrama en los corazones de ustedes y de mí, sus amados,

Leading
Sacrificial
Loyal
Cherishing
Understanding
Nurturing
Graceful
Consistent
Passionate
Cleansing
Protective

continuamente. Por favor, ten en cuenta que el amor de Cristo es tan profundo y tan amplio que es inescrutable y eterno. Por lo tanto, los segmentos no son exhaustivos, pero incluyen las características clave que se me presentaron a través del Espíritu Santo para este libro.

"El amor es paciente, el amor es bondadoso. No tiene envidia, no se jacta, no es orgulloso. No deshonra a los demás, no es egoísta, no se enoja fácilmente, no guarda registro de los agravios. El amor no se deleita en el mal, sino que se alegra con la verdad. Siempre protege, siempre confía, siempre espera, siempre persevera"-1 Corintios 13:4–7 (NVI)

Su Amor por Su Iglesia es **SACRIFICIAL**.

"Por eso Cristo dijo, al venir al mundo: 'Oh Dios, la sangre de los toros y de los machos cabríos no puede satisfacerte, por eso has dispuesto este cuerpo mío para que lo ponga como sacrificio sobre tu altar... Entonces dije: Mira, he venido a hacer tu voluntad, a dar mi vida, tal como lo dicen las Escrituras'... luego añadió: 'Aquí estoy. He venido a dar mi vida'". (Hebreos 10:5–8)

Jesús sabía que su sacrificio era la única manera de restaurar la Iglesia de vuelta al Padre. Todos los demás sacrificios no podían satisfacer a un Dios Santo. También sabía que ella iba a ser su esposa. Eligió la obediencia por el gran amor a su Padre y el amor apasionado a su igual, su hermosa novia (Cantar de los Cantares 4: 9). Este amor sacrificado era tan profundo y embriagador que iba más allá de Su sufrimiento, incluso de la muerte en una cruz (Cantar de los Cantares 4:10, Filipenses 2:8–11).

Este amor sobrenatural nunca pudo ganarse (Efesios 2:8–9). Ya ha sido derramado para nuestra redención. Necesitamos recordarnos a nosotros mismos que Su amor está disponible continuamente y orar para que las mentiras del enemigo sean desmanteladas y desbloqueadas en nuestros corazones para una verdadera intimidad.

Nuestros corazones fueron diseñados para recibir Su amor completo (Ezequiel 36:26, Jeremías 24:7). Nuestros viejos corazones de piedra no podían entenderlo, pero el Espíritu derrama Su amor por nosotros en nuestros nuevos corazones de carne (Romanos 5:5). Cualquier cosa que no sea la presencia y el amor de Dios en nuestros corazones puede causar una angustia incalculable. La conferencista, autora y maestra de la Biblia Beth Moore escribió un estudio bíblico llamado *Living Free* (Vivir Libre), y en él describe que el corazón del hombre no es saludable hasta que el amor de Dios lo haya llenado a plenitud.[18] Nuestra insaciable necesidad de aprobación, reconocimiento y afecto solo puede ser satisfecha por el Creador de este eterno órgano espiritual.[19] Otras personas no pueden darnos completamente este amor. Lo sé de primera mano. Las expectativas de un ser humano imperfecto capaz de llenar el corazón hecho por la mano de Dios solo darán como resultado que nuestras necesidades no sean satisfechas y que nuestros deseos no sean razonables para aquellos que están en nuestra vida, lo que finalmente causará discordia o incluso desconexión. Desgraciadamente, solo anhelaremos más y más amor humano para sentirnos continuamente vacíos, ya sea consciente o inconscientemente, sin aprender a reconocer y aceptar plenamente Su completo y sacrificado amor.

En Efesios 5:2, se nos instruye a caminar continuamente en Su amor como Su sacrificio fue una dulce fragancia para Su Padre. En otras palabras, lo glorifica y agrada al Padre cuando lo reconocemos y nos sumergimos en él (Juan 15:9). Su amoroso sacrificio en la Cruz no se pagó con simple oro y plata, sino con Su preciosa sangre (1 Pedro 1:18–19). Por lo tanto, llenemos nuestros corazones y disfrutemos de su perfecto amor sacrificial que revirtió la maldición del pecado y nos restaura completamente a nuestro auténtico ser, ahora y para siempre.

Haz una pausa

Tómate un minuto para dar las gracias personalmente a nuestro Señor de corazón por su amor sacrificado, y luego lee los siguientes sinónimos de sacrificio.

Atributos sinónimos:[20] Abandonar, rendirse, ceder, dimitir, perder, renunciar, ofrecer, entregar, negarse a sí mismo, desinteresarse, obedecer.

¿Qué sinónimo te ha afectado más y por qué?

¿Has experimentado alguna vez este tipo de amor sacrificado por parte de Dios o de otros? ¿Falta en tu corazón este amor sacrificial no merecido?

¿Cómo puedes mantener tu mente y llenar tu corazón con Su amor sacrificial completo que te hizo una nueva creación en Cristo?

Su amor por su Iglesia es **GRANDE**

"Por lo tanto, acerquémonos [con privilegio] al trono de la gracia [es decir, al trono del bondadoso favor de Dios] con confianza y sin temor, para que recibamos misericordia [por nuestros fracasos] y encontremos [Su asombrosa] gracia para ayudar en el momento de necesidad [una bendición apropiada, que llega justo en el momento adecuado]. (Hebreos 4:16)

Dios planeó y diseñó la vida para que necesitáramos su gracia. Primero experimentamos la inmensidad de Su gracia cuando somos salvados de la cautividad de nuestro pecado (Efesios 2:8). Luego experimentamos Su gracia cuando nuestras necesidades diarias son satisfechas con Su ojo amoroso y siempre vigilante sobre nosotros. Dios nos diseñó perfectamente para necesitar su gracia diaria, de modo que nos apoyemos y confiemos completamente en Él para nuestro sustento en esta vida. En verdad, no podemos hacer nada sin Él (Juan 15:5). Su gracia es necesaria no solo para nuestras tareas diarias, sino también para mejorar nuestras relaciones terrenales y para cumplir suficientemente nuestra misión general aquí en la tierra (1 Corintios 15:10).

Como seres humanos, podemos caer fácilmente en la trampa mental de creer que no podemos tener ningún defecto y que podemos hacerlo todo, pero la verdad es que todos somos finitos y falibles y necesitamos la gracia continua de Dios. A medida que reconocemos y nos enfocamos en su amorosa gracia, podemos ver su flujo cada vez más en cada aspecto de nuestras vidas. Su plan, sus esfuerzos y su provisión para nuestras necesidades fluyen incesantemente ola tras ola. Ya sea que estemos despiertos o dormidos, Él ve nuestras luchas y escucha nuestros suspiros, y derrama la gracia, su inmerecido favor, sobre nosotros debido a su gran amor por nosotros. Nuestro Sumo Sacerdote ve nuestras debilidades y dice que nos regocijemos en ellas porque sabe que por Su gracia y Su poder, todo lo que hagamos se perfeccionará y eso, por designio, nos mantendrá en una relación íntima con Él centrada en nuestra necesidad de un Salvador (2 Corintios 12:9, Hebreos 4:14–16).

El escritor de Hebreos dice que nos acerquemos con valentía a Su trono y permanezcamos allí para recibir Su gracia (Hebreos 4:16).

"

A medida que reconocemos y nos centramos en Su amorosa gracia, podemos ver su flujo cada vez más en cada aspecto de nuestras vidas

"

No te saltes esto. Corre hacia él, desplómate hacia él, aférrate a él, quédate allí, y no te vayas. Deja de lado tu debilidad y acéptate a ti mismo, tal como lo hace Él. De nuevo, es a propósito que necesitamos Su gracia. Él te hizo para ser amado y para que siempre lo necesites -y lo quieras-. ¿Sientes esto en tu corazón? Fuiste hecha para una relación de amor con tu Creador. No hay lugar para la religión o el legalismo cuando caemos en Sus brazos amorosos desesperados por Su gracia (Romanos 5:20, Romanos 11:6).

Al final, cuando lleguemos al Cielo, arrojaremos nuestras coronas a Sus pies porque finalmente veremos el cuadro completo de Su amor sin la visión atenuada de nuestras tiendas terrenales, y sabremos con toda certeza que fue Su gracia amorosa la que nos llevó a la gloria (1 Corintios 13:12). Así que, hasta ese día, pongamos una manta debajo de Su manzano para tomar el sol en Su sombra de gracia mientras descansamos diariamente en Su amor lleno de gracia (Cantar de los Cantares 2:3).

Haz una pausa

Tómate un minuto para agradecer personalmente a nuestro Señor desde tu corazón por su amor lleno de gracia, y luego lee los siguientes sinónimos de gracia.

Sinónimos de atributos: Asistencia, Favor, Bendición, Maná, Ventaja, Beneficio, Privilegio, Bondad, Misericordia, Compasión.

¿? ¿Qué sinónimo te ha afectado más y por qué?

¿Has experimentado alguna vez este tipo de amor lleno de gracia por parte de Dios o de otros? ¿Falta este amor lleno de gracia en tu corazón?

¿Cómo puedes mantener tu mente y llenar tu corazón con Su amor lleno de gracia que te sostiene cada día?

Su amor por su Iglesia es **LEAL**

"Porque Dios es pura belleza, generoso en el amor, leal siempre y para siempre". (Salmo 100:5)

El Señor sabe que la naturaleza humana es voluble (Juan 2:24). Por eso, la Escritura nos advierte que Dios es el único que es totalmente fiable. (Salmo

118:9–11). Afortunadamente, Él es tan sólido como una roca, y podemos depender completamente de Él. En muchas áreas a lo largo de Su Palabra, Él habla de Su fidelidad de que nunca nos deja o abandona, sosteniéndonos por Su victoriosa mano derecha, y nunca dejará que el justo sea sacudido (2 Timoteo 2:13, Deuteronomio 31:6, Salmo 55:22, Salmo 63:8). Incluso cuando somos infieles y aparentemente lo defraudamos, su amor es leal. Él nos verá hasta el final y nunca nos dejará ir, pase lo que pase.

Al igual que hemos defraudado a personas a lo largo de nuestra vida, todos hemos tenido personas que nos han traicionado. La conmoción, la decepción y el intenso dolor que rodea a las circunstancias con personas en las que pensábamos que podíamos confiar pueden ser insoportables. El único que nunca será desleal es Jesucristo. No está en Su naturaleza ser indigno de confianza y abandonar a aquellos que creó y por los que se sacrificó (Hebreos 13:5).

Como Su Novia, estamos sellados e incluso marcados en el reino invisible que demuestra Su amor leal para mantenernos hasta que estemos en casa con Él (Efesios 4:30). Cristo es leal a nuestras necesidades diarias como Iglesia, pero también individualmente. Y como resultado, cuando entremos en la eternidad, nos inclinaremos y adoraremos y le daremos todo el honor y la alabanza por su amor verdadero y leal para siempre (Isaías 54:10).

Haz una pausa

Tómate personalmente un minuto para agradecer de corazón a nuestro Señor su amor leal, y luego lee los siguientes sinónimos de lealtad.

Atributos sinónimos: Digno de confianza, Devoto, Dedicado, Fiable, Responsable, Confiable, Verdadero, Inquebrantable, Siempre ahí, Llevando la carga, Fiel, Como una roca, Estable, Seguridad, Bueno en su palabra, Infalible.

¿Qué sinónimo te ha afectado más y por qué?

¿Has experimentado alguna vez este tipo de amor leal por parte de Dios o de otros?

¿Falta este amor leal en tu corazón?

¿Cómo puedes mantener tu mente y llenar tu corazón con Su amor leal que te mantiene firme cada día?

Su amor por la Iglesia es **SERVIR**

"Bienaventurados (felices, prósperos, dignos de admiración) son aquellos siervos a los que el amo encuentra despiertos y vigilantes cuando llega. Os aseguro y os digo muy solemnemente os aseguro y os digo muy solemnemente que se preparará para servir, y les hará reclinar en la mesa, y vendrá y los atenderá". (Lucas 12:37)

En la vida y en la muerte, e incluso en la gloria, Jesús sirvió y servirá a su Iglesia. Dejó su morada real para descender como un humilde siervo para mostrar el gran amor que Él y el Padre tienen por nosotros. Marcos 10:45 dice: "Porque el Hijo del Hombre no ha venido a ser servido, sino a servir...". Su amor servicial dejó de lado su comodidad por el bien de la Iglesia, y no solo con fines de salvación, sino para mostrar su gran amor y ser un ejemplo para nosotros de cómo servir a los demás. Y como resultado, nos esforzamos por reflejar sus caminos que incluso nos llaman a dar la vida por nuestros hermanos y hermanas en honor a Él y a su perfecto amor de servicio (1 Juan 3:16).

Efesios 4:7–16 enumera los dones asignados a todos los creyentes pasados, presentes y futuros para servir y edificar el cuerpo de Cristo. Cristo está sirviendo a Su Iglesia a través de estos dones derramados y en asociación con otros para llevarla a la plenitud de la madurez y la unificación en Él. (Efesios 4:12–13,16, 1 Corintios 12:7).

Individualmente hablando, Su corazón para ti está continuamente en modo de servicio. Él no está demasiado ocupado, desinteresado o distraído. Él no se aleja mientras estamos orando. No, con alegría, Su amor de servicio llena cada una de nuestras necesidades personales y la necesidad de edificar a Su gloriosa Novia. Él ve todo lo que haces por Él y por los demás y, como resultado, culminará en el acto de servidumbre más asombroso conocido por la humanidad: ponerse un delantal y servirte en la mesa de Su reino. Este nivel de humildad y cuidado amoroso en el servicio a los demás, a pesar de Su realeza, ¡es el verdadero amor!

Haz una Pausa

Tómate un minuto para agradecer personalmente a nuestro Señor desde tu corazón por su amor de servicio, y luego lee los siguientes sinónimos sobre el servicio.

Atributos sinónimos: Ayudar, Asistir, Cuidar, Cuidar, Atender, Atento, Manejar, Útil, Ayudar, Trabajar con, Apoyar, Siempre disponible, Dispuesto, Atento.

¿Qué sinónimo te ha afectado más y por qué?

¿Has experimentado alguna vez este tipo de amor de servicio por parte de Dios o de otros?

¿Falta este amor de servicio en tu corazón?

¿Cómo puedes mantener tu mente y llenar tu corazón con Su amor servicial que atiende a tus necesidades personales cada día?

Su amor por la Iglesia es **NUTRITIVO**

"Bajo su dirección, todo el cuerpo está perfectamente unido, y cada parte, a su manera, ayuda a las demás, de modo que todo el cuerpo está sano, crece y está lleno de amor". (Efesios 4:16)

Jesús es el Pan de Vida y el Agua Viva. Ya no tenemos hambre ni sed porque todo lo que necesitamos, Él lo suministra. Mantenernos centrados en este suministro nos libera de la ilusión de que tenemos que luchar por nuestras necesidades, sentir carencia o hacerlo nosotros mismos en un esfuerzo inútil por ser autosuficientes. La salud y la vitalidad de la Iglesia son de gran importancia para Él, y como resultado, nos proporciona un alimento constante y suficiente que nos hace crecer a todos como piedras vivas, en su casa espiritual (1 Pedro 2:5).

En Efesios 5:29, Pablo instruye a los esposos a alimentar a sus esposas como un ejemplo para ejemplo para el mundo del amor nutritivo del Esposo. Señala que nadie ha odiado su propia carne, sino que la alimenta como lo hace el Señor con su Iglesia, su cuerpo. Esto me dice que si nuestra necesidad es física, emocional, mental o espiritual, el Señor es capaz de atender perfectamente a su Esposa. Este cuidado asegura que ella sea hermosa y vibrante en todo el mundo.

Jesús explicó en Juan 4:34 que Su alimento (o Su satisfacción) es hacer la voluntad del Padre. Del mismo modo, nos llenamos cuando hacemos Su voluntad y nos servimos unos a otros desde un amor sano y lleno de nutrientes para mantenernos fuertes y brillar como un faro para el mundo. El interminable y nutritivo amor de Cristo llena la Iglesia a través del Espíritu Santo, que la enciende y crea una fuerza y una energía que arde con fuerza para que todos la vean, con la esperanza de que muchos se sientan atraídos por Él y se salven.

Haz una Pausa

Tómate un minuto para dar las gracias a nuestro Señor de corazón por su amor nutritivo, y luego lee los siguientes sinónimos de nutrir.

Atributos sinónimos: Alimenta, Sostiene, Mantiene, Nutre, Provee, Cultiva, Atiende, Desarrolla, Enseña, Entrena, Reúne, Educa, Avanza, Fortalece.

¿Qué sinónimo te ha afectado más y por qué?

¿Has experimentado alguna vez este tipo de amor nutritivo de Dios o de otros?

¿Falta este amor nutritivo en tu corazón?

¿Cómo puedes mantener tu mente y llenar tu corazón con Su amor nutritivo que te mantiene vibrante y alegre cada día?

Su amor por su Iglesia es **AMOROSO**

"Porque nadie ha odiado jamás su propio cuerpo, sino que lo alimenta, lo protege y lo cuida, como hace Cristo con la Iglesia..." (Efesios 5:29, AMP).

¿Alguna vez has apreciado a alguien o algo en tu vida? Tal vez un abuelo que te amó como nadie lo hizo, o tienes un recuerdo de una época importante. Cuando aprecias a alguien o algo, esa persona o cosa está siempre en tu mente y corazón. Puede que incluso te encuentres hablando de ellos todo el tiempo. Si aprecias un recuerdo en particular, incluso podría estar expuesto en tu casa para que todos lo vean, porque cuando aprecias a alguien o algo, te sientes orgulloso y quieres mostrarlo. Hay un sentimiento especial cuando piensas o ves la cosa que aprecias.

Del mismo modo, cuando apreciamos nuestro cuerpo, no solo lo alimentamos bien y lo salvaguardamos, sino que también lo valoramos y lo presentamos bien. En la escritura anterior, se instruye a un esposo para que aprecie a su esposa como lo hace con su cuerpo, tal como Cristo lo hace con Su Iglesia, Su Cuerpo. Como resultado, creo genuinamente que la Iglesia y el corazón de una mujer fueron diseñados para recibir amor amoroso, y, como Cristo, un hombre fue diseñado para darlo.

El modelo perfecto para ofrecer amor amoroso es Jesús. No solo nutre y protege a su precioso cuerpo de creyentes, sino que te adora, está orgulloso de ti y quiere presumir de ti. En Juan 15:8, Jesús nos informa que nos utiliza para mostrar la gloria de Su Padre. Cuando actuamos con los dones que Él nos asigna, esto llama la atención de los demás y glorifica a Dios. En Mateo 5:14–16, Jesús dice que Su Iglesia no puede ser escondida. No es un secreto que deba guardarse. No, Él quiere mostrar Sus obras maestras. A través del poder del Espíritu Santo, tu luz honra y glorifica al Padre y atrae a otros con una vida moral que brilla. Su plan es elevarte y exhibir Su mayor obra, Cristo en ti, la esperanza de gloria (Colosenses 1:27). Su corazón es complacer a Su Padre y, al hacerlo, también acariciar a Su Novia continuamente.

Ser acariciado significa tener a alguien que nos ve, nos conoce plenamente, y busca brillar nuestros mejores rasgos. Por diseño, ser acariciado nos da valor, confianza, curación, alegría, paz y mucho más cuando somos amados atentamente de esta manera. El cariño no se hace desde la mente hacia alguien; se hace desde un lugar profundo dentro buscando honrar a la otra persona públicamente por todo lo que es en Cristo.

La novia es la más bella y la más admirada en la sala. Todos se ponen de pie cuando ella entra. Todas las miradas están puestas en ella cuando Él está de pie al final del pasillo con sus ojos de adoración. Esta mirada nunca abandona Su rostro cuando ve incluso tus actos de bondad más pequeños. Su amor valora y no encuentra ninguna falta en nosotros. Quiere mostrarnos cuánto nos adora y nos tiene en alta estima. Una de sus mayores alegrías es tratar a su Novia como debe ser tratada: con el mayor cuidado y compasión.

Este tipo de amor piensa en el futuro. No solo es reflexivo, sino que está planificado de antemano y es estratégico. Cristo es el Alfa y la Omega, el Principio y el Fin. Tú eres tan especial que cada día de tu vida fue planeado antes de que uno fuera vivido (Salmo 139:16). Cualquier cosa que pudiera romper tu corazón está muy lejos de Su mente. Se ilumina con solo pensar en cómo te sentirás cuando te encuentres con Su plan perfecto (Salmo 37:23). El enemigo nos ha engañado haciéndonos creer que el amor de Dios es limitado o condicional, pero ya no. Hoy podemos empezar a ver cuánto ama Él a Su Novia acercándonos a Aquel que se deshace incluso con una mirada de nuestros ojos adoradores (Cantar de los Cantares 6:5).

Haz una Pausa

Tómate un minuto para agradecer personalmente a nuestro Señor de corazón por su amor amoroso, y luego lee los siguientes sinónimos sobre el amoroso.

Atributos sinónimos: Adora, Admira, Aprecia, Estima, Honra, Ama, Le gusta, Se aferra a, Se preocupa por, Muestra, Levanta, Sonríe, Mira fijamente, Mira hacia, Siempre presente, Nunca deja, Se interesa por, Alienta, Atesora, Venera, Aprecia, Valora.

¿Qué sinónimo te ha afectado más y por qué?

¿Has experimentado alguna vez este tipo de amor de Dios o de otros?

¿Falta en tu corazón este amor que aprecia?

¿Cómo puedes mantener tu mente y llenar tu corazón con su amor amoroso que confirma que eres tan especial en todos los sentidos?

Su amor por su Iglesia es la **COMPRENSIÓN**

"¿No lo sabes? ¿No has oído? El Señor es el Dios eterno, el Creador de los confines de la tierra. No se cansará ni se fatigará, y su entendimiento nadie podrá comprenderlo". (Isaías 40:28)

Cristo conoce cada iglesia en la tierra por completo. Él conoce personalmente a cada pastor, esposa de pastor, líder, maestro y voluntario. Conoce sus puntos fuertes y débiles, lo que le gusta y lo que no le gusta, y sus objetivos y sueños. También conoce a su rebaño.

Durante los últimos 30 años, he asistido a múltiples iglesias y puedo decir que cada una de ellas es un organismo completamente diferente, único en su personalidad y en sus objetivos. Como parte de Su cuerpo, la gente y la misión son enormemente diferentes incluso dentro de una iglesia que se reúne en diferentes lugares. No solo entiende estas iglesias como unidades individuales, sino que conoce íntimamente el corazón de cada uno de los creyentes que atraviesan sus puertas desde el día en que nacieron. ¡Qué hermoso es ser conocido y comprendido en nuestra singularidad como Iglesia e individualmente!

Ningún otro ser humano en la tierra puede entendernos plenamente como Cristo, porque solo Dios ve el corazón (1 Samuel 16:7). Podemos descansar en su comprensión de nosotros, ya que ni siquiera podemos conocer completamente nuestros propios corazones y su camino para nuestras vidas. En Juan 2:25, Jesús afirma que Él conoce lo que hay en el corazón de los hombres hasta el fondo. En efecto, su amor comprensivo conoce lo más profundo de nosotros. Esto es un alivio para aquellos que arrastran una profundidad que parece inalcanzable, incluso cuando nos sentimos incomprendidos por los más cercanos. Es satisfactorio saber

que los días de soledad o de invisibilidad han desaparecido gracias a esta verdad que toca el alma. Qué paz saber que tenemos un Gran Pastor que nos ama y vela por nosotros con un amor comprensivo insondable.

Haz una Pausa

Tómate personalmente un minuto para agradecer de corazón a nuestro Señor su amor comprensivo, y luego lee los siguientes sinónimos de comprensión.

Atributos sinónimos: Aceptado, Conocido perfecta e íntegramente, Íntimo, Ve a través de, Nada oculto, Escucha y entiende los gemidos, Necesidades conocidas antes de los pensamientos y las oraciones, Conocido antes de la fundación del mundo, Cada día conocido, Escrito en el Libro de la Vida del Cordero, Reconocido, Comprendido, Captado, Seguro de, Familiar, Reconocido, No dicho, Aprobado, Empatizado, Entiende a fondo lo que se dice y lo que no se dice, Lo abarca todo.

¿? ¿Qué sinónimo le ha afectado más y por qué?

¿Has experimentado alguna vez esta comprensión del amor por parte de Dios o de los demás?

¿Falta esta comprensión del amor en tu corazón?

¿Cómo puedes mantener tu mente y llenar tu corazón con Su amor comprensivo que confirma que fuiste creado y eres disfrutado tal como eres?

Su Amor por Su Iglesia es **LIMPIATIVO**

"...para santificar a la iglesia, habiéndola purificado mediante el lavado del agua con la Palabra [de Dios]". (Efesios 5:26, AMP)

Su sangre sacrificial nos limpió interiormente de una vez por todas. Deja que eso se hunda. Una vez que tú sinceramente hiciste a Cristo tu Señor y Salvador, te volviste sobrenaturalmente santo dentro de donde Él ahora reside. Nuestro pecado es arrojado tan lejos como el este está del oeste y Dios no se acuerda más de ellos (Salmo 103:12, Miqueas 7:19). Debido a nuestra naturaleza caída, que nos atrapa tan fácilmente, debemos tener cuidado de no alejarnos de esta verdad eterna o caer en el legalismo de trabajar para ganar nuestro estado ya limpio por el que Cristo ya pagó. Este amor desinteresado de limpieza nos refresca y nos restaura, libres de culpa y vergüenza. Cuando pensemos en la Cruz, recordemos la sangre que fluyó lavándonos ahora y para siempre.

Haz una Pausa

Tómate un minuto para agradecer personalmente a nuestro Señor desde tu corazón por su amor purificador, y luego lee los siguientes sinónimos sobre la purificación.

Atributos sinónimos: Lavado, Limpio, Enjuagado, Purificado, Saneado, Restaurado, Limpiado, Inoxidable, Sin Mancha, Santo, Sin Arruga, Fregado, Cepillado, Lavado, Refinado, Expiado, Bautizado, Perdonado, Redimido, Sin Carga.

¿Qué sinónimo te ha afectado más y por qué?

¿Has experimentado alguna vez este tipo de amor libre de condenas por parte de Dios o de otros?

¿Falta este amor purificador en tu corazón?

¿Cómo puedes mantener tu mente y llenar tu corazón con Su amor limpiador libre de culpa y vergüenza cada día donde el pecado pasado, presente y futuro no existe?

Su Amor por Su Iglesia es **CONSISTENTE**

"Jesucristo es el mismo ayer, hoy y siempre". (Hebreos 13:8)

La Iglesia está en manos de Aquel cuyo amor es firme e inmutable. Generación tras generación, estamos en sus manos más que capaces. Los humanos pueden cambiar sus ideas y acciones con frecuencia y a veces incluso varias veces al día, pero nuestro Dios no. Él no se deja arrastrar por el pecado, los nuevos puntos de vista o las opiniones de la gente. Él nunca pierde el interés en ti como Su Novia. Su amor es constantemente tan emocionante como una primera cita. Está encantado de que conozcas más y más de Él (Cantar de los Cantares 4:10). Este tipo de amor nunca se aburre ni se desvanece. Su amor constante nos infunde vida cada día mientras somos transformados a su semejanza, como Iglesia e individualmente, con una gloria cada vez mayor (2 Corintios 3:18).

Como verdadero creyente, nunca puedes perder tu salvación o ser defraudado por promesas rotas. Sus promesas son fiables e inalterables (Hebreos 6:17). A través del estudio de Su Palabra, te das cuenta de que el gran YO SOY dice lo que quiere decir y significa lo que dice. No hay sombras cambiantes para Sus provisiones (Santiago 1:17). Él siempre cumple.

Uno de los momentos más impactantes en mis primeros años de estudio de Su Palabra fue cuando leí el libro de Hebreos. Hasta el día de hoy, 30 años después, recuerdo lo que leí y todavía me asombra. En Hebreos 6, el escritor recuerda el juramento de Dios prometiendo bendecir a Abraham y proporcionarle un hijo y muchos descendientes. Esto mostró a Abraham y a todos los futuros herederos la promesa de la inmutabilidad de Su consejo confirmada en un juramento (Hebreos 6:17). Lo genial fue que Él hizo un juramento con Él mismo porque nadie era más grande. Esto es una realización impresionante porque ¡Él no tenía que hacer eso! Él es tan amoroso que quiso hacer un pacto consigo mismo para mostrarnos cuán consistente o inmutable es y será siempre. Cuando Él hace una promesa, la cumplirá pase lo que pase. Incluso cuando eres demasiado débil y estás a punto de rendirte, la Palabra dice que Él es fiel y no puede negarse a sí mismo (2 Timoteo 2:13). Él siempre cumplirá sus promesas. Puedes apoyarte en Él y confiar en que Sus promesas son siempre sí y amén en Cristo (2 Corintios 1:20). Él es realmente el ancla de nuestra alma.

Haz una Pausa

Tómate un minuto para agradecer personalmente a nuestro Señor desde tu corazón por su amor constante, y luego lee los siguientes sinónimos sobre la constancia.

Atributos sinónimos: Persistente, Esperado, Acorde, Estabilizador, Firme, Inmutable, Igual, Invariable, Parejo, Verdadero, Racional, No Conflictivo, Armonioso.

¿Qué sinónimo le ha afectado más y por qué?

¿Has experimentado alguna vez este tipo de amor constante por parte de Dios o de los demás?

¿Falta este amor consistente en tu corazón?

¿Cómo puedes mantener tu mente y llenar tu corazón de amor inmutable cada día?

Su amor por su Iglesia es el que **GUÍA**

"Yo soy el Buen Pastor, y conozco [sin ninguna duda a los que son] míos y los míos me conocen [y tienen una relación profunda y personal conmigo]". (Juan 10:14, AMP)

Podemos descansar en los planes de nuestro Buen Pastor. Él dirige todas las áreas del ministerio dentro de la Iglesia, y nosotros también oímos su voz individualmente y le seguimos. Sin embargo, a veces podemos adelantarnos y no permitir que nuestro amoroso Líder dirija el espectáculo, por así decirlo. Nadie, ni siquiera un miembro de la familia o un amigo cercano, puede guiarte a donde necesitas ir. Dice en la Palabra que muchos consejeros hacen para el éxito, pero sabemos que Su paz tiene la última palabra en las decisiones. En nuestro camino, Su amor guiador nos satisfará, y seremos como un jardín regado, como un manantial de agua, cuyas aguas no fallan. (Isaías 58:11).

Mi hermana cristiana de muchos años, Sally, y yo nos ponemos a despotricar "santamente" a veces cuando nos sentimos fuera de control con cualquier cosa que esté sucediendo en nuestras vidas. Afortunadamente, el Espíritu Santo nos recuerda (o más bien nos hace callar) que Él tiene todos nuestros pasos ordenados, y se deleita en todos nuestros caminos, lo que nos devuelve al equilibrio pacífico (Salmo 37:23). Nos alivia descansar en la guía del Único que sostiene la responsabilidad sobre sus amplios hombros. Después de compadecernos mutuamente, nos recordamos que el control debe ser devuelto a la legítima mano de Dios y que muchos son los planes de los justos, pero son los pasos del Señor los que prevalecerán (Proverbios 16:9). ¡Él tiene esto!

Pablo nos recuerda que debemos estar agradecidos por su amor guiador en 2 Corintios 2:14, "Pero gracias a Dios, que siempre nos conduce al triunfo en Cristo, y por medio de nosotros difunde y hace evidente en todas partes la dulce fragancia del conocimiento de Él" (AMP). Él siempre nos conduce por aguas tranquilas y por caminos de justicia por amor a su nombre (Salmo 23). Incluso nos lleva en sus brazos, y nos sostiene cerca de su tierno corazón, palpitante de amor (Isaías 40:11). Como sus ovejas, podemos mirar hacia arriba y ver el gran bastón, escuchar su voz y descansar en su amor guiador.

Haz una Pausa

Tómate personalmente un minuto para agradecer de corazón a nuestro Señor su amor de líder, y luego lee los siguientes sinónimos sobre el liderazgo.

Atributos sinónimos: Gobernante, Altísimo, Supremo, Primordial, Jefe, Guía, Dirección, Clave, Superior, Gobernar, Dirigir, Esencial, Central, Cabeza de, Primordial, Paramount, Notable, Incomparable, Brillante.

¿**?**

¿Qué sinónimo te ha afectado más y por qué?

¿Has experimentado alguna vez este tipo de amor guiador por parte de Dios o de otros?

¿Falta este amor guiador en tu corazón?

¿Cómo puedes mantener tu mente y llenar tu corazón con Su amor guiador entregando tu voluntad en Sus manos?

Su Amor por Su Iglesia es **PROTECTOR**

"...edificaré mi iglesia, y todos los poderes del infierno no prevalecerán contra ella". (Mateo 16:18)

Jehová Sabaoth es solo uno de los nombres de Cristo. Significa que Él es el Señor de los ejércitos del cielo.[21] Un número incalculable de ángeles están a su disposición. Él es el Señor de todos los cielos y de la tierra y de todas las cosas creadas. Cualesquiera que sean los poderes en operación visible o invisible, no te equivoques, el gobierno está sobre Sus hombros. Él lo compró todo a través de la Cruz (Isaías 9:6 NVI). Él reveló una muestra de Su poder en el jardín de Getsemaní cuando los soldados romanos dijeron que buscaban a Jesús de Nazaret para arrestarlo. Él respondió: "Yo soy". Y todos retrocedieron y cayeron al suelo. ¡Qué poder! Solo sus palabras matan a los hombres. Por eso la espada del Espíritu de la Iglesia es la Palabra de Dios. Sus palabras emiten un poder protector.

Cristo no solo protege físicamente a su Iglesia, sino que nos advierte de los lobos que pueden colarse como ovejas (Mateo 7:15). Estos lobos son incrédulos astutos que se disfrazan de tener una sana doctrina. Pueden entrar a hurtadillas sin que nos demos cuenta, pero si prestamos atención, su comportamiento a menudo no coincide con sus creencias, o tienen una teología defectuosa y herética. Sabemos que esto es obra de Satanás, pero a menudo es difícil de discernir debido a su astucia. Por eso, Cristo pide al Padre antes de su muerte que nos guarde del maligno (Juan 17). Dios se complace en complacerle porque protege ferozmente nuestra salud espiritual. Nos alerta para que nos ajustemos a la verdad de su Palabra. Quiere que la leamos, la estudiemos y la usemos como una fuerza contra el maligno. Ten cuidado de disfrutar de Su amor protector diariamente y utiliza esta poderosa arma de Su Palabra para mantenerte alerta y en guardia para tener la vida abundante que Él murió para que tú la tuvieras (Juan 10:10).

Haz una Pausa

Tómate personalmente un minuto para agradecer de corazón a nuestro Señor su amor protector, y luego lee los siguientes sinónimos sobre la protección.

Atributos sinónimos: *Proteger, Cubrir, Preservar, Refugiar, Salvar, Defender, Escudo, Asegurar, Cercado, Ir a la Batalla, Defender, Amurallar, Luchar, Cuidar, Albergar, Vigilar, Mantener, Acompañar, Tomar bajo el ala, Estrategias preventivas en defensa, Vigilante, Nunca duerme o dormita, Ojos en todo momento, Fuerzas angélicas en espera, La venganza es suya, Nunca renuncia.*

¿Qué sinónimo le ha afectado más y por qué?

¿Has experimentado alguna vez este tipo de amor protector por parte de Dios o de otros?

¿Falta este amor protector en tu corazón?

¿Cómo puedes mantener tu mente y llenar tu corazón con Su amor protector y vivir en paz?

Su amor por su Iglesia es **SANTIFICADOR**

"Que el Dios de la paz os santifique por completo, y que todo vuestro espíritu, alma y cuerpo se conserven irreprochables para la venida de nuestro Señor Jesucristo". (1 Tesalonicenses 5:23)

El amor santificador de Jesús hace crecer a la Iglesia espiritualmente en pensamiento y acción. Debemos estar muy agradecidos por haber sido elegidos desde el principio para la salvación y porque el Espíritu nos hace madurar (1 Tesalonicenses 2:13). Crecer en el estudio de Su Palabra, en la oración y en la obediencia hace que Su Novia sea cada día más hermosa (Apocalipsis 19:7). En 1 Pedro 1:16 dice: "Sed santos porque yo soy santo" (NVI). Como embajadores reales de Cristo y soldados de su ejército aquí en la tierra, debemos entrenarnos constantemente en la verdad y estar en el proceso de despojarnos de viejos hábitos y patrones que nos impiden ser más atractivos para otros que necesitan un Salvador (2 Timoteo 2:2-4, Hebreos 12:1).

Él no solo está interesado en el embellecimiento de Su Novia, sino en la cosecha madura de la que hay muy pocos trabajadores (Mateo 9:37). La Iglesia es una luz brillante en este mundo oscuro que se dirige al infierno. Esto es extremadamente importante para Cristo, y debería serlo también para nosotros. Él tiene una visión desde arriba, fuera del espacio y del tiempo, y quiere que nos asociemos con Él en esta misión, aumentando nuestro conocimiento de Él y haciéndonos obedientes a su Palabra. A medida que experimentemos su amor santificador a través del Espíritu Santo, seremos cada vez más semejantes a Cristo, y un ejemplo de su amor para aquellos cuyas vidas penden de un hilo.

Haz una Pausa

Tómese personalmente un minuto para agradecer de corazón a nuestro Señor por su amor santificador, y luego lea los siguientes sinónimos sobre la santificación.

Atributos sinónimos: Apartado, Consagrado, Distinguido, Diferenciado, Especial, Real, Separado.

¿Qué sinónimo te afectó más y por qué?

¿Has experimentado alguna vez este tipo de amor santificador por parte de Dios o de otros?

¿Falta este amor santificador en tu corazón?

¿Cómo puedes mantener tu mente y llenar tu corazón con Su amor santificador y apartarte cada vez más para Su gloria y honor?

Su amor por su Iglesia es **APASIONADO**

"Y de una vez por todas tomó sangre en aquel aposento interior, el Santo de los Santos, y la roció sobre el propiciatorio; pero no era sangre de machos cabríos ni de terneros. No, tomó su propia sangre, y con ella aseguró por *sí mismo* nuestra salvación eterna". (Hebreos 9:12, TLB, énfasis mío)

¿Puedes imaginarte esta escena? Jesús es tan amoroso y está tan lleno de pasión por su Iglesia. Se me hace un nudo en la garganta al imaginarlo. Por *sí mismo*, dice. Solo Él se aseguró de que tú y yo estuviéramos seguros con Él para siempre. Creo que el escritor de Hebreos lo dijo así para que no hubiera lugar a dudas sobre lo que se logró en esa habitación interior. Ni siquiera una pizca de pecado fue dejada o recordada. Ninguna culpa o vergüenza puede hacernos bajar la cabeza ahora y para siempre.

Puedo imaginarlo haciendo una pausa justo antes de rociarlo mientras piensa en su sufrimiento y luego piensa colectivamente en todos aquellos que durante el tiempo fueron suyos. Esto te incluye a ti. Debido a su gran amor apasionado por nosotros, le veremos cara a cara, sentados, uno al lado del otro, como coherederos reales, llenos de alegría, juntos en el Hogar con Él... por fin.

Haz una Pausa

Tómate personalmente un minuto para agradecer de corazón a nuestro Señor su amor apasionado, y luego lee los siguientes sinónimos sobre la pasión.

Atributos sinónimos: Alegría, Excitación, Calidez, Intensidad, Fervoroso, Celoso, Amoroso, Deseoso, Romántico (Cantar de los Cantares), Emocional (*ver ejercicio de Emociones del Padre y de Jesús más abajo), Entusiasta, Desinhibido, Desenfrenado, Demostrativo, Efervescente, Sensual, Encantador, Sinfonía de amor.

??

¿Qué sinónimo te ha afectado más y por qué?

¿Has experimentado alguna vez este tipo de amor apasionado por parte de Dios o de otros?

¿Falta este amor apasionado en tu corazón?

¿Cómo puedes mantener tu mente y llenar tu corazón con Su amor apasionado y vivir en la emoción de tu relación con Él que fluye hacia otros?

Su amor por Su Iglesia es ETERNO

"Después de eso, nosotros, los que aún vivimos y hemos quedado, seremos arrebatados junto con ellos en las nubes para encontrarnos con el Señor en el aire. Y así estaremos con el Señor para siempre". (1 Tesalonicenses 4:17)

El Señor eventualmente, en su horario, traerá a Su Novia al Cielo. La trompeta sonará y Cristo mismo descenderá al plano atmosférico de las nubes para recuperar a Su Novia. Aquellos cuyos cuerpos yacen en la tierra o permanecen vivos cambiarán a cuerpos eternos y serán como Cristo. Será el fin de la era de la Iglesia y la ira de Dios se derramará sobre todos aquellos que estén fuera de la familia de Dios. Muchos pueden no creer en este evento, pero sin embargo, Su Palabra es eterna y verdadera. Esto sucederá. Su amor ya no será contaminado por nuestra naturaleza carnal, y finalmente experimentaremos la plenitud de Su amor eterno.

Haz una Pausa

Tómate personalmente un minuto para agradecer de corazón a nuestro Señor por su amor eterno, y luego lee los siguientes sinónimos sobre eterno.

Atributos sinónimos: Eterno, sin fin, interminable, perpetuo, imperecedero, constante, permanente, inmortal, infinito, sin límites, inmutable, infinito, incesante, permanente, continuo.

¿Qué sinónimo le ha afectado más y por qué?

¿Has experimentado alguna vez este tipo de amor eterno por parte de Dios o de otros?

¿Falta este amor eterno en tu corazón?

¿Cómo puedes mantener tu mente y llenar tu corazón con Su amor eterno y vivir la vida en Su presencia fuera del espacio y el tiempo?

Cantar de los Cantares

Su corazón romántico

Su corazón de amor es tan apasionado y puro para ti y para Su Iglesia. El libro Cantar de los Cantares en la Biblia es un poema metafórico o canción que describe Su divina búsqueda de Su Novia.

Precaución, señoras, las emocionantes letras de amor gotean de las páginas. Pero aunque es de naturaleza romántica, este libro no trata de pasiones carnales, sino de algo mucho más potente y satisfactorio. Como se ha señalado anteriormente, es la expresión externa de todas las formas específicas en que Él nos ama, pero es una visión más profunda y más reveladora de Su amor y sacrificio por nosotros, Sus amados. "El inspirado Cantar de los Cantares es una obra de arte. Es una melodía cantada desde el corazón de Jesucristo para su anhelante Esposa. Está lleno de símbolos, formas artísticas sutiles, poesía y matices..."[22]

Veamos una sección que he elegido y que ha cambiado mi visión de nuestro Esposo.

Cantar de los Cantares 4:9–14

El Esposo-Rey (Jesucristo hablando a su Esposa)

"Porque llegas a mi corazón.
    Con un destello de tus ojos me deshace tu amor,
    mi amada, mi igual, mi novia.
    Me dejas sin aliento
    Soy vencido
    por una simple mirada de tus ojos adoradores,
    pues me has robado el corazón.
    Soy rehén de tu amor
    y de las gracias de la justicia que brillan sobre ti.
    Qué satisfacción para mí, mi igual, mi novia.
    Tu amor es mi mejor vino, embriagador y emocionante.
    Y tus dulces y perfumadas alabanzas-tan exóticas, tan placenteras.
    Tus palabras amorosas son para mí como un panal de miel;
    tu lengua desprende leche y miel,
    pues encuentro la tierra prometida fluyendo en ti.
    La fragancia de tu amor adorador
    te rodea con perfumadas túnicas blancas.
    Mi querida novia, mi paraíso privado,
    abrazado a mi corazón.
    Un manantial secreto eres tú que nadie más puede tener,
    mi fuente burbujeante oculta a la vista del público.
    Qué perfecta compañera para mí ahora que te tengo.
    Tu vida interior está ahora brotando, dando frutos.
    Qué hermoso paraíso se despliega en tu interior.
    Cuando estoy cerca de ti, huelo aromas de la más fina especia,
    pues muchos racimos de mi exquisito fruto

crecen ahora dentro de tu jardín interior.
Aquí están los nueve:
granadas de la pasión,
henna del cielo,
nardo tan dulce,
azafrán brillante,
cálamo fragante de la cruz,
canela sagrada,
ramas de mirra de bosques perfumados,
como lágrimas de un árbol,
y áloe como águilas que ascienden.
Tu vida fluye en la mía, pura como manantial de jardín.
Un pozo de agua viva brota de tu interior como un arroyo de montaña
que fluye hacia mi corazón".

Detrás de cada línea de amor, las palabras de esta composición rica y bellamente escrita contienen significados profundos y eternos de la relación entre Cristo y su Esposa. Por ejemplo, la palabra raíz de la henna es redención o fruto de la misericordia y el cálamo produce un aceite o especia fragante, que significa comprado.[23] El cuidado que tuvo para suministrar tan rica belleza en la tierra para la persona que ama es impresionante, especialmente los significados eternos que hay detrás. No hay nadie tan magnífico y atento como nuestro Creador y Esposo, del que disfrutaremos para siempre (Apocalipsis 4:11).

Solitario, Rechazado y Vacío

Las mentiras del enemigo

Y aunque me encanta hablar de este tema amoroso, sería negligente si no mencionara que estamos en una intensa y real batalla espiritual a este lado del Cielo. El enemigo de nuestras almas busca bloquear la verdad del amor perfectamente divino de nuestro Esposo. ¡Estén advertidos, amigos! El enemigo está al acecho y es muy astuto, sutil y persistente para distraer y negar la verdad de este amor en nuestras mentes y emociones. Cuando nos sentimos solos, rechazados y vacíos -ya sea solteros o casados- necesitamos leer las escrituras anteriores diariamente para mantenernos en la plenitud de Su dulce y llenador amor. Estos pasajes fueron diseñados para llegar a lo más profundo de nuestros corazones y tocarlos con la verdad eterna de la redención y el amor sobrenatural que anhelamos.

Desde un punto de vista práctico, debemos creer, conocer e imaginar siempre a Él con nosotros. Dondequiera que vayas, ya sea en el trabajo, de compras con los amigos, o simplemente estando solo en tu habitación, Él está presente, atento a tus pensamientos, sentimientos y necesidades. Esta verdad de Su omnipresencia manifiesta puede disipar los sentimientos de soledad, rechazo y vacío que el mundo nos lanza cuando estamos solteros, saliendo y, sí, incluso casados con la persona que amas a tu lado.

De nuevo, esta es la razón por la que estoy escribiendo este libro. Su amor es el único amor completo que tú y yo recibiremos. La gente nos fallará, nos abandonará, dejará nuestros corazones con ganas, y finalmente morirán a este lado del Cielo. Tampoco ningún matrimonio será nunca perfecto. Por lo tanto, es vital para nuestra salud espiritual y emocional que nos aferremos a Su Palabra y a Su amor infalible (Salmo 143:8) que nos restaura en la radiante Novia que Él no puede tener suficiente. Una sola mirada a nuestros ojos y Él se deshace (Cantar de los Cantares 4:9). Permítanme repetirlo, ¡Él nos mira con una sola mirada y se deshace! ¿Puedes imaginarte esto? El Creador de todas las cosas está locamente enamorado de ti. Deja que eso se hunda y sane tu corazón hoy.

¿Qué verso del fragmento del Cantar de los Cantares que aparece arriba es el que más le enciende el corazón? ¿Por qué?

¿Qué sentimientos surgen después de leer este pasaje del Cantar de los Cantares sobre la verdad de Su corazón para ti y Su Iglesia?

Nuestras necesidades

Satisfechas por su corazón

Nuestras necesidades son satisfechas por el corazón de nuestro Señor y Salvador. Como dice la Palabra en el Salmo 23, nada nos falta nada nos falta, y nuestra copa rebosa. Se trata de una relación de corazón con Él. Por una cantidad inimaginable de amor, Él murió para que seas restaurado de nuevo a Él. Si sufriste profundamente para que alguien fuera sanado y completo, ¿no querrías una relación vibrante y amorosa con ellos, llena de alegría? ¿Cómo podrías olvidarte de ellos o de esa experiencia? Mientras lees este libro, Él está extendiendo Su corazón en Su mano para colocarlo en la tuya. Él quiere que sepas que estás completo en Él. Puede que no sea instantáneo, y puede que no lo veas de inmediato, pero no te equivoques: entre bastidores, Él satisfará todas tus necesidades si se lo permites.

Por favor lea y haga el siguiente ejercicio.

El siguiente ejercicio pretende sacar nuestras necesidades y preocupaciones más profundas, buscar Su corazón para llenarlas, y orar por cada una de ellas para que sean llenadas a plenitud. Rezo para que te sumerjas en Su corazón y recibas Su amor hoy. Por favor, lee la columna de las posibles necesidades/preocupaciones y rellena la columna de la derecha con la parte del corazón de Cristo (listada abajo) que la llena. Por favor, vuelve a consultar las partes de Su corazón para una mayor aclaración si es necesario. Algunos se proporcionan como ejemplos, pero elige las partes del corazón de Cristo que sientas que te ayudarían más para cada Necesidad/Preocupación.

Protector—la Palabra (espada del Espíritu), es decir físicamente, mentalmente, espiritualmente, financieramente, relacionalmente, emocionalmente, ejércitos del Cielo, Su poder en la debilidad

Agraciado—favorable, compasivo, generoso, bendición, suficiente, dador de regalos

Leal—digno de confianza, devoto, firme, fiel

Comprensión—reconocido, reconocido, interesado en, creado, conocido a fondo, cuidado

Sacrificado—puesto en primer lugar, prioritario, aceptado, misericordioso, elegido, muerto por

Apreciar—admira, es digno, adora, se asombra, honra pública y privadamente

Servir—cuidar, satisfacer las necesidades, atender, vigilar

Alimentar—la Palabra (Agua Viva, Pan de Vida), es decir, mentalmente, emocionalmente, espiritualmente

Eterno—sin fin, amado ahora y para siempre

Apasionado—encantador, alegre, cálido, cercano, deshecho, canta sobre, cerca

Limpieza—purificada, mente de Cristo, pacífica, nueva creación. heredero/coheredero

Santificar—madurar, apartar, crecer, tener un propósito

Constante—sólido, nunca falla, mantiene la promesa

Dirigir—tomar el mando, pastor, cabeza, gobernar, posición de poder, tomar decisiones

Necesidades/preocupaciones	Piezas del corazón de Cristo
Tengo miedo.	Protección, Comprensión
Estoy ansioso.	Alimentar, liderar
Tengo baja autoestima	
Necesito descansar.	Servicial, comprensiva, con gracia
Me siento débil.	
Tengo sueños.	
Necesito que me escuchen	
Necesito que me acepten como soy	Con gracia, con cariño
Necesito que me quieran.	
Me siento abandonado.	Sacrificado, apasionado
Necesito ánimos.	
Necesito atención.	
Me siento solo.	
Necesito consejo.	
Estoy abrumado.	
Me siento invisible.	Apreciado, Apasionado, Sacrificado
Me siento desesperado.	
No me siento atractiva	
Me siento inútil.	

Necesidades/preocupaciones	Piezas del corazón de Cristo
Me siento vacío.	
Estoy perdido.	
No tengo propósito.	Eterno, santificador
No sé quién soy.	
Siento vergüenza y culpa por mi pasado	
No me siento importante.	
Me siento menos que otras personas	
Estoy en deuda.	
Necesito un romance.	

¿? ¿Cuáles son las necesidades/preocupaciones más desafiantes con las que estás lidiando personalmente en este momento y que estás dispuesto a entregarle a Él en oración y creencia para que Su corazón amoroso las satisfaga?

¿Cómo has visto a Cristo resolver específicamente y prácticamente estas necesidades o preocupaciones en tu vida o en la de otros en el pasado?

Según mi experiencia personal, la falta de perdón puede ser un obstáculo para aceptar su amor. Quizás hay alguien a quien necesitas perdonar. ¿Qué te impide perdonar a la persona que te vino a la mente cuando pensaste en alguien con quien has albergado una ofensa?

Sé que fue más fácil para mí perdonar a otros, pero aceptar Su perdón para mí mismo abrió las compuertas de Su amor derramándose en mi corazón. Recuerda, Su completo perdón de los pecados pasados, presentes y futuros a través de Su sacrificio debe ser recibido completamente. Verdaderamente, Su sacrificio es más poderoso que cualquier cosa que hayas hecho. ¿Qué podría necesitar para aceptar Su perdón por lo que Él ya ha pagado y limpiado?

Booz y Rut

Un novio judío y una novia gentil

Ahora que conoces algunas de las preciosas maneras en que Cristo ama a Su Iglesia, estudiemos brevemente los esponsales y el matrimonio de Booz y Rut en el Antiguo Testamento, que es una prefiguración que mira hacia el amor de Cristo por Su Iglesia. Es una imagen de nuestro pariente redentor, que es Cristo, amando a su novia gentil. Este ejercicio está destinado a enriquecer su comprensión de la belleza del plan de Dios y el corazón de Cristo para amar y eventualmente casarse (uno con) sus amados creyentes.

Por favor lee y haz el siguiente ejercicio.

Por favor lee las siguientes escrituras de las citas de Booz y considera a qué parte del corazón de Cristo se asemeja y escríbela en la línea de abajo. Como recordatorio, las partes de Su corazón son sacrificio, gracia, comprensión, cariño, lealtad, protección, liderazgo, consistencia, pasión, santificación, eternidad, limpieza, nutrición y servicio.

Escrituras del amor de Booz por Rut-Libro de Rut

"Booz llegó de la ciudad mientras ella estaba allí. Después de intercambiar saludos con los segadores, le dijo a su capataz: "Oye, ¿quién es esa chica de ahí?". (Rut 2:4–5)

Parte del corazón de Cristo para Rut _____

"Booz se acercó y habló con ella. Escucha, hija mía -le dijo-, quédate aquí con nosotros a espigar; no pienses en ir a ningún otro campo". (Rut 2:8)

Parte del corazón de Cristo para Rut _____

"Quédate detrás de mis trabajadoras; he advertido a los jóvenes que no te molesten" (Rut 2:9)

Parte del corazón de Cristo para Rut _____

"Cuando tengas sed, ve y sírvete del agua". (Rut 2:9)

Parte del corazón de Cristo para Rut _____

"...y también sé de todo el amor y la bondad que has mostrado a tu suegra desde la muerte de tu esposo, y de cómo dejaste a tu padre y a tu madre en tu tierra y has venido a vivir aquí entre extraños". (Rut 2:11)

Parte del corazón de Cristo para Rut _____

"Que el Señor Dios de Israel, bajo cuyas alas has venido a refugiarte, te bendiga por ello". (Rut:12)

Parte del corazón de Cristo para Rut _____

"Ven a comer con nosotros..." (Rut 2:14)

Parte del corazón de Cristo para Rut _____

"Booz dijo a sus criados que la dejaran espigar entre las gavillas sin detenerla, y que arrancaran algunas cabezas de cebada y las dejaran caer a propósito para que espigara, y que no hicieran ningún comentario." (Rut 2:15–16)

Parte del corazón de Cristo para Rut _____

"¡Gracias a Dios por una chica como tú! Porque ahora estás siendo aún más amable con Noemí que antes". (Rut 3:10)

Parte del corazón de Cristo para Rut _____

"Naturalmente prefieres a un hombre más joven, aunque sea pobre. Pero has dejado de lado tus deseos personales [para poder dar a Noemí un heredero casándose conmigo]". (Rut 3:10)

Parte del corazón de Cristo para Rut _____

"Ahora no te preocupes por nada... yo me encargaré de todos los detalles, pues todos saben la maravillosa persona que eres". (Rut 3:11)

Parte del corazón de Cristo para Rut _____

"Entonces Booz dijo a los testigos y a la multitud que estaba alrededor: 'Habéis visto que hoy he comprado toda la propiedad... de Noemí, y que con ella he comprado a Rut la moabita... para que sea mi esposa, para que tenga un hijo que lleve el apellido...'" (Rut 4:9–10)

Parte del corazón de Cristo para Rut _____

Impacto personal

El engaño de no ser amado

No importaba cuántas veces leyera la Biblia o escuchara sermones sobre el amor de Cristo por mí, no podía recibir el amor de Cristo en mi corazón. La autocrítica corría desenfrenada en mi mente hasta que un estudio bíblico comenzó a cambiar todo: *Living Free* de Beth Moore. En la lección de la semana 3, día 3, titulada "Superando el sentirse no amado", Beth citó una declaración sorprendente hecha por Oswald Chambers que decía: "Ningún amor del corazón natural es seguro a menos que el corazón humano haya sido satisfecho por Dios primero".[24] Continuó diciendo que si tenemos necesidades insatisfechas en nuestro corazón, llevaremos una copa todo el día tratando de que otros llenen lo que solo está destinado a que Dios llene. Incluso tendremos la tentación de sostener una cucharada para que alguien o algo nos llene de amor por desesperación. ¡Qué mentira del pozo del infierno!

Ejercicio para llenar la copa

Esta imagen capturó mi corazón, y no pude deshacerme de ella. Fui a la cocina y tomé una taza de 8oz del gabinete para representar la capacidad total de mi corazón. Luego abrí una botella de agua de 16oz para llenar la taza de 8oz hasta el punto de amor que siento de Dios. Siempre he sabido en mi mente que Dios me ama plenamente, pero quería medir la verdad de lo que sentía en mi corazón en ese momento, así que cerré los ojos y escuché cómo subía el amor mientras lo vertía. Cuando me detuve en lo que me parecía una representación exacta de lo amada que me sentía por Dios, abrí los ojos y me di cuenta de que la línea de flotación estaba solo a ¼ del camino hacia arriba.

Inmediatamente rompí a llorar y me di cuenta de que había creído una mentira. Los ¾ de la línea de flotación en la copa representaban todo lo que bloqueaba la plenitud del amor de Cristo en mi corazón. Estaba bloqueando mi autoestima, la sensación de plenitud, la alegría duradera, la saciedad, la paz y mucho más. Esto también me bloqueaba de amarme a mí mismo, Su obra maestra, a quien Dios hizo para Su placer y propósitos (Apocalipsis 4:11). Andaba tratando de llenar mi corazón con tantas cosas que competían por el lugar que le correspondía a Jesús. Para ser honesto, estaba enojado y apenado después de este ejercicio. Estaba molesto por haber desperdiciado tantos años en este estado tóxico subconsciente cuando justo al alcance de mi mano estaba la receta para la vitalidad, la alegría y la salud que mi alma pedía y clamaba.

Desde ese día en adelante, uso esta ilustración de la taza y la botella de agua al facilitar estudios bíblicos y con amigos heridos para mostrar que las tazas o cucharadas de amor de los humanos no pueden llenar lo que es de Dios. Es una mentira del enemigo sembrada astutamente en nuestros corazones y mentes que Su amor pleno, infalible y perfecto no es suficiente. Es una fuente incesante y desbordante de amor que no solo te sacia, sino que cae en cascada como un poderoso río a través de ti hacia los demás, pero, sobre todo, hacia tu cónyuge (Juan 7:38).

Desde mi experiencia personal y de prueba, creo firmemente que no se puede dar lo que no se tiene. Tal vez puedas fingirlo durante un tiempo, pero no te sientes verdaderamente amado en el fondo. Te animo a que pruebes este ejercicio del vaso de agua por ti mismo y veas si Su amor por ti necesita ser recibido y llenado a rebosar en tu corazón en honor a Su gran sacrificio de amor y a la gloria de Su nombre.

El amor del Padre

Todo comienza aquí

Soy consciente de que, a pesar de conocer el amor específico de Cristo por su Iglesia y como individuo, muchos de los que lean este libro pueden no ser capaces de recibir el amor del Padre. Es posible que nuestros padres terrenales no hayan reflejado Su amor por nosotros como debieran, lo que ha provocado dificultades para recibir el amor incondicional de Cristo. Quiero tocar brevemente este tema para aclarar el camino. El Padre te hizo y envió a su único Hijo para traerte en sus brazos. Eso es lo mucho que Él te ama. Mucha gente daría cosas por ti, incluyendo tiempo y dinero, pero pocos darían a su hijo para ser entregado a gente malvada para ser abusado y asesinado para salvarte de la condenación eterna. Por eso Jesús dijo enfáticamente que nadie es bueno sino el Padre (Marcos 10:18). Deja que eso se asimile. ¡Él es el amor más grande de nuestras vidas!

Honestamente, tu padre terrenal no puede y nunca debió estar a la altura del amor de nuestro Padre Celestial. Incluso si fuera un padre aparentemente perfecto, hay grietas en su capacidad de ser perfecto. Ningún humano mortal puede satisfacer el espacio en nuestro corazón que nuestro verdadero Padre creó para habitar. Si hoy estás experimentando falta de perdón hacia tu padre terrenal, por favor considera ponerlo a los pies de la cruz y perdonarlo en tu mente para liberarte y recibir el amor firme del Padre y del Hijo. Una vez más, tu padre terrenal (y tu madre, por cierto) nunca estuvo destinado a satisfacer el anhelo sobrenatural de nuestros corazones. Ve a continuación en las Escrituras cuánto te ama y te adora infinitamente.

El amor del Padre en las Escrituras

Lee lenta y deliberadamente las escrituras que aparecen a continuación sobre el amor de tu Padre eterno y fiel. Él nos ama a ti y a mí y corre por el camino con los brazos abiertos para ponerte la túnica y el anillo reales y darte la bienvenida a casa (Lucas 15:11–32).

"Pero cuando aún estaba lejos, su padre lo vio y se compadeció de él; corrió hacia su hijo, lo abrazó y lo besó... Pero el padre dijo a sus criados: "¡Rápido! Traed la mejor túnica y ponédsela. Ponedle un anillo en el dedo y sandalias en los pies. Traed el ternero cebado y matadlo. Hagamos una fiesta y celebremos. Porque este hijo mío estaba muerto y ha revivido; estaba perdido y ha sido encontrado". (Lucas 15:20b, 22–24, adaptado de Reina Valera)

"Y yo seré un padre para ustedes, y ustedes serán hijos e hijas para mí, dice el Señor Todopoderoso". (2 Corintios 6: 18)

"¿No tenemos todos un solo Padre? ¿No nos ha creado un solo Dios?" (Malaquías 2:10a)

"¿Acaso una mujer puede olvidar a su hijo lactante, o carecer de compasión por el hijo de sus entrañas? Aunque ella pudiera olvidarse, yo no me olvidaré de ti". (Isaías 49:15)

"Del mismo modo, vuestro Padre que está en el cielo no quiere que se pierda ninguno de estos pequeños". (Mateo 18:14)

"Aunque mi padre y mi madre me hayan abandonado, sin embargo, el Señor me recogerá [me adoptará como hijo suyo]". (Salmo 27:10, AMP)

"¡Ved qué gran amor nos ha prodigado el Padre, para que seamos llamados hijos de Dios!" (1 Juan 3: 1)

"Porque no habéis recibido el espíritu de esclavitud para volver a caer en el miedo, sino que habéis recibido el Espíritu de la filiación, por el que clamamos: "¡Abba! Padre!" (Romanos 8: 15)

"Alabado sea el Dios y Padre de nuestro Señor Jesucristo, que nos ha bendecido en los ámbitos celestiales con toda bendición espiritual en Cristo. (Efesios 1: 3)

"Pero tú, Señor, eres nuestro Padre. Nosotros somos el barro, tú el alfarero; todos somos obra de tu mano". (Isaías 64: 8)

"Para que tu entrega sea en secreto. Entonces vuestro Padre, que ve lo que se hace en secreto, os recompensará". (Mateo 6: 4)

"Miren a las aves del cielo; ellas no siembran ni cosechan ni almacenan en graneros, y sin embargo su Padre Celestial las alimenta. ¿No son ustedes mucho más valiosos que ellas?" (Mateo 6: 26)

"Si ustedes, aunque sean malos, saben dar buenas dádivas a sus hijos, ¡cuánto más su Padre que está en el cielo dará buenas dádivas a los que le piden!" (Mateo 7: 11)

"...para que todo lo que pidáis al Padre en mi nombre os lo dé". (Juan 15: 16)

"Yo y el Padre somos uno". (Juan 10:30)

"En aquella misma hora Jesús se regocijó en el Espíritu, y dijo: Yo te alabo, oh Padre, Señor del cielo y de la tierra, porque escondiste estas cosas de los sabios y entendidos, y las has revelado a los niños. Sí, Padre, porque así te agradó. Todas las cosas me fueron entregadas por mi Padre; y nadie conoce quién es el Hijo sino el Padre; ni quién es el Padre, sino el Hijo, y aquel a quien el Hijo lo quiera revelar". (Lucas 10: 21–22)

La antigua boda judía

Modelo de boda de Cristo y su Iglesia

Si estudias las antiguas bodas judías, descubrirás que son el modelo de las bodas reales que se celebran entre Cristo y la Iglesia. Comienza con el novio dando el primer paso y desposándose o comprometiéndose con su novia elegida. Su acuerdo estableció entonces un pacto matrimonial legal e inquebrantable que requería el pago por ella. Una vez pagado el precio, ella fue apartada o santificada. Ahora era suya y solo suya. Como símbolo para sellar el compromiso, el novio y la novia brindaban bebiendo vino.

El novio partía entonces a la casa de su padre para preparar un lugar donde vivir. Mientras tanto, la novia, sin saber cuándo volverá su novio, empezará a prepararse para él. Se cree que muchos novios llegaban a la medianoche. Las luces de las antorchas y los gritos del padrino y los padrinos por las calles indicaban a la novia con velo que el novio estaba en camino.

Una vez que el novio se llevaba a su novia, la boda comenzaba con la consumación en la cámara nupcial. Después de la unión física, el novio salía y anunciaba el matrimonio oficial a los novios e invitados. Entonces comenzaba la cena nupcial, que duraba aproximadamente siete días. Al cabo de los siete días, la novia sería desvelada y todos verían su rostro.

A continuación se detallan los pasos de una antigua boda judía y la comparación con los esponsales actuales y la futura boda de Cristo y su Esposa venidera.[25]

Boda judía antigua	Bodas de Cristo y la Iglesia	Escrituras (RVR)
El padre inició y eligió a la futura novia	El regalo del Padre a Jesús, la novia elegida	Juan 17:9, Efesios 1:4
Ella aceptó la propuesta y bebieron vino para sellar el pacto	Aceptamos a Cristo como nuestro Señor y Salvador por la fe y comulgamos	Romanos 10:9, 1 Corintios 11:25, Efesios 2:8
Pago pendiente	La cruz con sangre	1 Corintios 6:20, Efesios 1:7, Hebreos 13:12, Pedro 1:18–19

Boda judía antigua	Bodas de Cristo y la Iglesia	Escrituras (RVR)
Comprometida y novia apartada	Depósito del Espíritu Santo	Salmo 45:8–15, Isaías 61:10, Juan 14:16–17, Hechos 2:38 1 Corintios 6:11, 1 Corintios 6:19–20, 2 Corintios 1:22, Efesios 5:25–27, 1 Tesalonicenses 4:3–8, Hebreos 10:10, 1 Pedro 2:9
El novio sale para ir a la casa del padre	El novio sale para ir a la casa del padreJesús resucitó y ascendió al Padre después de 40 días	Mateo 9:15, Juan 20:17
El novio prepara un lugar para vivir	Jesús preparando un lugar para nosotros en la casa de su Padre en el cielo	Juan 14:2–3
La novia se prepara	Proceso de santificación a través del poder y la obra del Espíritu Santo	Romanos 12:2, 1 Corintios 6:20, Tito 3:5, 1 Juan 2:28, 1 Juan 3:3
La novia espera	Se le ordena vigilar y estar preparado en todo momento	Mateo 24:42–44, Mateo 25:1–13, Marcos 13:32, Lucas 12:40.
Los padrinos acompañan al novio a buscar a su novia	Con un grito del arcángel, nos encontraremos con Él en las nubes	Cantar de los Cantares 2 TPT, Cantar de los Cantares 3:5–11 TPT, Juan 14:3, 1 Juan 2:28, 1 Corintios 15:51–53, 1 Tesalonicenses 4:16–17
Consumación	Uno con Cristo	Salmo 45:10–11, Cantar de los Cantares 4:12 TPT, Juan 3:29, Gálatas 3:28, Efesios 5:31–32
Banquete de bodas	Cena de las Bodas del Cordero	Apocalipsis 19:7–9
Dura 7 días	Salvado de la ira reflejando los 7 años de tribulación en la tierra	Daniel 9:24–27, Daniel 12:11–12, Lucas 21:36
Ella se desvela	Novia gentil, la eternidad con Él	Juan 3:16, Gálatas 6:8, Efesios 5:27, Apocalipsis 21:9–10

No te dejes engañar

El mundo se aprovecha de ti

¿Te das cuenta de que el mundo se aprovecha de la insaciable necesidad de las mujeres de ser amadas como Cristo ama a la Iglesia? Todos necesitamos ser amados de la forma en que Cristo creó nuestros corazones para ser amados, que es ser comprendidos, apreciados, protegidos, conocidos y mucho más. El corazón de Cristo para nosotros ha sido desvelado. Tenemos que darnos cuenta de cómo el enemigo, aparentemente inocente, ha aprovechado esto para desviar nuestra atención de Cristo y de nuestros maridos, causando un daño incalculable a las mujeres, los matrimonios y las familias. A pesar del humor y la ligereza de los pocos medios de comunicación a continuación, es esencial abordar cómo pueden ser llevados demasiado lejos en comparación con nuestras propias vidas. Los negocios a continuación, si no se tiene cuidado, pueden convertirse en una táctica sutil de las fuerzas del mal sobre nuestros corazones insatisfechos.

Películas de comedia romántica en todo el mundo

Permítanme decir que soy el primero en disfrutar de una película romántica y desenfadada que me arrastra durante una o dos horas. Las disfruto mucho y las veo regularmente desde muchos países con subtítulos. De hecho, Hallmark, por ejemplo, hace un bien a nuestra sociedad que se oscurece y a los medios de comunicación cada vez más pervertidos al traernos películas sanas. Sin embargo, he notado y encontrado importante tomar conciencia y ganar perspectiva sobre estas películas románticas en relación con las necesidades de los corazones de las mujeres que pueden estar insanamente llenos de formas distintas a Cristo.

A pesar de la alegría de ver una comedia romántica inofensiva, las comedias románticas pueden llegar a ser adictivas para muchas mujeres que ven a los hombres y las relaciones en las películas como algo que se están perdiendo o se convierten en superfans de los actores que aparentemente cumplen los requisitos de un hombre perfecto. No estoy desviando a nadie de Hallmark o similares; mi objetivo es simplemente desvelar el posible engaño imprevisto dentro del corazón de una mujer a través de este tipo de medios.

Las comedias románticas de Hollywood o "chick flicks" son una salida de entretenimiento favorita y potencialmente consumidora para las mujeres. Pero muchos en Estados Unidos no se dan cuenta del adictivo y lucrativo mercado mundial de las comedias románticas, especialmente en el mercado asiático. Los dramas chinos (C-dramas), los dramas coreanos (K-dramas) y los dramas japoneses (J-dramas) son solo algunos de los importantes promotores de entretenimiento que ven millones y millones de mujeres de todo el mundo en YouTube y otros canales de pago con subtítulos en la mayoría de los idiomas. He oído (y personalmente estoy de acuerdo) que están increíblemente bien escritos y que los actores tienen mucho talento. Las disfruto mucho. Los guionistas y productores están tan dotados que es casi como si hubieran estudiado cada parte del corazón de una mujer. Cada línea que se dice habla de protección, cariño o nutrición a tal nivel que una mujer no puede dejar de mirar y desear lo mismo en su propia vida.

Al igual que Hallmark, pueden ser inofensivos de ver, pero pueden crear un vacío y una tremenda sensación de carencia si no estamos atentos. Y parece que escriben con atributos que las mujeres necesitan desesperadamente y conocen esta fórmula al dedillo. De hecho, en mi investigación, he descubierto que muchos de los guionistas son, de hecho, mujeres. Puede que incluso superen en breve la proporción de guionistas de Hollywood entre hombres y mujeres, si no lo han hecho ya. La base de fans de las comedias románticas asiáticas se ha extendido por todo el mundo y es astronómica. Desafortunadamente, la fantasía de las relaciones creadas a través de estos dramas o películas, ya sean de Hollywood o de otros lugares, si no se cumplen en el amor de Cristo, pueden dejar a las mujeres infelices en sus relaciones y en su vida.

Novelas románticas

Las novelas románticas son otro de los pasatiempos preferidos de las mujeres. A todo el mundo le gusta un buen libro sobre el amor y la aventura para evadirse en su imaginación y tomar un descanso de las tareas cotidianas de la vida. De nuevo, a mí también me encanta leerlas. Las novelas románticas existen desde mucho antes que la televisión. Jane Austin es solo una de las muchas autoras antiguas conocidas y queridas que han hecho arder el corazón de las mujeres durante siglos. Desde 1949, Harlequin Enterprises ha sido solo una de las muchas editoriales de novelas románticas que han llenado de forma privada y seductora los corazones y las mentes de las mujeres durante años. Incluso hoy en día, los escritores de novelas románticas no escasean.

Danielle Steel, Nora Roberts y Nicholas Sparks son solo algunos de los escritores de novelas románticas modernas de gran demanda que capturan el corazón de las mujeres hoy en día.

Las novelas románticas siguen siendo un mercado en crecimiento y cada vez más gráfico en su necesidad de llegar a las partes agrietadas de los deseos del corazón de las mujeres. El amor y la risa, la seducción y la promiscuidad sexual dentro de las páginas realmente pueden, como una droga, contribuir a adormecer y llenar de forma falsa nuestros corazones, pero una vez terminado el libro, puede crear insatisfacción con la realidad, intensos sentimientos de vacío y profundizar los espacios huecos en el corazón de las mujeres.

Debemos tener precaución y ceder al sistema de alarma del Espíritu Santo con lo que leemos para asegurarnos de llenar nuestros corazones con Cristo primero y sobre todo para prevenir el engaño calculador dentro de nuestros corazones que nos dejan deseando o idealizando escenas en nuestras mentes y nos dejan sintiéndonos insatisfechas, especialmente con nuestros esposos.

Medios Sociales

Estar en los medios sociales es una forma de vida para la mayoría de nosotros y no va a ir a ninguna parte. De hecho, esta vía global de conexión personal no hace más que crecer y desarrollarse a velocidades récord. No estoy abogando por salir de las redes sociales, sino resaltando el hecho de que pueden llenar vacíos y alejarnos de Su completo amor y, en última instancia, de nuestros matrimonios si no tenemos cuidado.

Debemos estar alertas como individuos y como parejas casadas y establecer límites apropiados porque puede ser una táctica del enemigo para atraparnos. Es necesario trazar líneas firmes en cuanto a quién y qué vemos y cuánto tiempo nos dedicamos al contenido. Esta acción es vital para un corazón sano en Cristo y en el matrimonio.

Cualquiera que sea la plataforma de los medios sociales, debes estar advertido de que puedes crear sutilmente una postura de descontento en tu vida y tu matrimonio. Más específicamente, puede llevarte a creer que quien eres, lo que tienes, quien está en tu vida y donde vives no es suficiente.

Te sugiero que te tomes un minuto para considerar esta sección y no sigas leyendo. Incluso si tienes un negocio en las redes sociales, esta sección puede ser mucho más seria de lo que crees. Podemos volvernos espiritualmente ciegos ante lo que "nos atrapa fácilmente" (Hebreos 12:1). Por favor, discute esto con tu cónyuge o un compañero de responsabilidad si luchas en esta área y planifica una participación saludable en los medios sociales. Una relación personal con Cristo requiere un tiempo comprometido y una voluntad y deseo de crecer. Por lo tanto, asegúrate de limitar y aprender a evitar que te aleje de Su amor vivificante y completo.

Porno

Los hombres no son los únicos adictos al porno. Por desgracia, también lo son las mujeres. Los hombres y las mujeres tienen un fuerte deseo de ser llenados en sus corazones y físicamente. Esto es comprensible porque nuestro Creador construyó ambos géneros para este tipo de intimidad. Sin Su amor saciante no físico, los anhelos insatisfechos en esta área pueden tomar un giro tan inmoral y pervertido con circunstancias absolutamente espantosas, no solo en la vida diaria de una mujer sino también en términos de salvación.

La Palabra nos advierte que debemos apartar nuestros ojos de las "cosas inútiles" y preservar nuestras vidas según la Palabra (Salmo 119:37). También afirma un hecho funesto y ominoso: los inmorales sexuales no heredarán el reino de Dios (1 Corintios 6:9). Esta dura verdad es aleccionadora para aquellas mujeres (y hombres) que ven porno. Pero anímate, ninguna tentación puede alcanzarte, porque Dios proporciona una vía de escape (1 Corintios 10:13). Despiértense de este baboso negocio de hacer dinero de lo que podría ser visto como la esclavitud de la preciosa hija de alguien (o hijos, para el caso). Aunque parezcan dispuestos en la pantalla, creo que si realmente conocieran Su amor, no estarían en este negocio sacrílego alimentado por drogas que crea ilusiones de grandeza y autorrealización o valor.

Este negocio es financieramente lucrativo, está cargado de demonios y crece cada año. Los matrimonios y las familias están siendo destruidos. El sexo es un acto marital sagrado entre dos personas amorosas de mente sana. Cualquier cosa menos que esto no es de Dios. Se ha convertido en una profesión satánica que el mundo ha normalizado y de la que debemos despertar antes de que sea demasiado tarde. Su regreso es inminente. La trompeta pronto sonará de forma inesperada y sin ser advertida. Entra en la relación correcta con Él hoy y resiste y huye de las garras del enemigo directamente a Su corazón completo y saciante que, a través de la oración y la obediencia en esta área, puede sorprenderte llevando tu matrimonio a la relación bendita y sagrada que siempre debió ser.

Cierre

Oración: Dedica un tiempo a rezar la siguiente oración. Rellena los espacios en blanco como creas conveniente.

Señor, tu amor es perfecto, completo y todo lo que necesito. Ayúdame a aceptarlo y recibirlo todo ahora mismo. Derrama Tu amor en mi corazón para que se desborde a través del poder del Espíritu Santo. Admito que no tenía idea de que Tu amor completo estaba destinado a este corazón creado y que ningún ser humano, cosa o medio de comunicación puede satisfacerlo completamente. También admito que no tenía ni idea de lo específico y lleno que podía ser. Reconozco las siguientes declaraciones y te pido que trabajes conmigo para llenar mi corazón con Tu amor ahora y por la eternidad.

Reconozco que necesito tu amor _____ ahora mismo. (Ver el corazón de Cristo arriba.)

Reconozco la necesidad de tu amor _____ y tu amor _____ también. (Ver el corazón de Cristo arriba.)

Reconozco que necesito releer y comprender las escrituras de arriba adaptadas a estas áreas específicas y buscar otras escrituras similares para llenar mi corazón hasta la saciedad.

Reconozco que necesito asegurarme de que estoy en línea con Tu amor y crearé límites saludables en las áreas de _____ (por ejemplo, la salida de los medios de comunicación arriba) para ser libre, sin miedo, contento, y vivir la vida abundante que Tú moriste para que yo tenga así como con mi cónyuge (Juan 10:10).

Reconozco que Tú vas a regresar pronto, y la Novia se está preparando, incluyéndome a mi. Por lo tanto, viviré a la luz de Tu sacrificio en la Cruz y de Tu regreso sin vergüenza ni culpa, especialmente liberándome en el área de _____ y presionaré para obtener la corona imperecedera (1 Corintios 9:25, Juan 2:28).

En el nombre de Jesús, te lo pido. Amén.

Un matrimonio cristiano extraordinario

Expuesto al mundo

Él es favorecido, ella es el regalo

"El hombre que encuentra una esposa halla un tesoro, y recibe el favor del Señor". (Proverbios 18:22)

"El mayor tesoro de un hombre es su esposa: ella es un regalo del SEÑOR". (Proverbios 18:22)

" A función del marido en el matrimonio es tan magnífica y noble que refleja a Cristo mismo. "

No existe el matrimonio terrenal perfecto, pero anímate, el amor de Cristo por la Iglesia es el ejemplo a seguir para tener un **matrimonio cristiano extraordinario**. La verdad es que nuestros maridos tienen defectos, y nosotros también. Además, como leímos en el estudio de la primera semana, muchos de nosotros, solteros, en pareja o casados, hemos sido mal guiados por la cultura, la sociedad y las relaciones matrimoniales poco saludables de las que hemos sido testigos en nuestras vidas. Como resultado, podemos desconocer las funciones del esposo y la esposa en la institución del matrimonio creada por Dios. Por ejemplo, el papel del marido en el matrimonio es tan magnífico y noble que refleja al propio Cristo, que se sacrificó por su Esposa, la Iglesia. Así como Cristo es la Cabeza de la Iglesia, los esposos también son la cabeza de su matrimonio y hogar terrenal. ¡Qué papel y responsabilidad más importantes en este mundo!

El matrimonio es, ante todo, una llamada real divina que representa la unión amorosa entre Cristo y la Iglesia. Nuestros matrimonios deben reflejar la relación íntima y sagrada entre el Esposo y la Esposa que, por medio del ejemplo, puede atraer a otros a querer estar en unión con Él. Sí, el matrimonio es gozoso y satisfactorio, pero lo más importante es que nuestro Esposo quiere que nuestros matrimonios cristianos sean sanos y vibrantes para mostrarlos al mundo que necesita un Salvador (Juan 17:24).

Conocer nuestras identidades conyugales reales, roles y plenitud en Cristo, eleva un matrimonio cristiano por encima del estándar del mundo y cambia la perspectiva y las actitudes de cada cónyuge hacia el otro. Desafortunadamente, creo genuinamente que muchos esposos y esposas han sido cegados a lo que el matrimonio realmente es y engañados en roles que no se alinean completamente con la verdad de la Palabra de Dios. Después de que la novedad se desvanece, pueden comenzar a operar en extremos que crean un desequilibrio en la relación que no refleja a Cristo y Su iglesia. Por ejemplo, a sabiendas o sin saberlo, un esposo o esposa puede llegar a ser dominante y controlador o pasivo y estancado. Los cónyuges pueden ser engañados pensando que tienen que estar a la altura de manera irreal para ser el marido o la esposa perfecta o, por otro lado, dejar de crecer y madurar en beneficio del matrimonio. Por encima de todo, el objetivo del estudio de esta semana no es poner a los esposos o esposas en una luz negativa de ninguna manera, sino informar a los cónyuges de los roles del esposo y la esposa como se establece en Su Palabra y comenzar a abrir el diálogo de lo que un matrimonio diseñado por Dios puede parecer para Su honor y gloria.

Con un enfoque en la construcción de un matrimonio saludable y próspero a través del ejemplo de Cristo, otro objetivo de este estudio es atravesar la niebla del enemigo que impide que nuestros matrimonios sean todo lo que Dios creó que fueran. Seamos claros aquí, el enemigo viene a los matrimonios con fuerza y es implacable. El sabe que los matrimonios representan a Cristo y a Su amado, pero también sabe que es el mecanismo para construir hijos de Dios seguros y felices que harán la diferencia para Su reino. Si te encuentras en un estado constante de agitación o tensión en tu matrimonio, sé consciente del león rugiente que está al acecho buscando destruir lo que Dios ha unido (Marcos 10:9, 1 Pedro 5:8). En última instancia, sabemos que no luchamos con la carne y la sangre, sino con un enemigo que busca robar, matar y destruir el gozo entre tú y tu cónyuge (Juan 10:10). Como resultado, debemos derramar Su luz a través de Su Palabra y resistir al enemigo a través de la obediencia hasta que huya para que podamos vivir en un matrimonio abundante y emocionante hecho no de cuentos de hadas sino, mejor aún, de un fundamento sólido en Cristo.

Esta no es una discusión tradicional sobre el matrimonio. No voy a rascar la superficie o sugerir un retiro de pareja para construir habilidades de comunicación o mejorar la intimidad. No es que este tipo de escapada no sea útil, pero estoy hablando del tipo de discusión en la que los cónyuges abren sus corazones para dejar que Dios toque su matrimonio con Su mano sanadora y lo construya en la máxima salud y plenitud a través de Su ejemplo en Su Palabra. Específicamente, me estoy refiriendo a conseguir la relación en los días mundanos donde, como Cristo hacia su iglesia, está siempre presente, apasionado, acariciando, nutriendo y comprendiendo más allá de nuestra comprensión.

Empezaremos a reconstruir cómo los maridos deben amar a sus esposas como Cristo ama a la Iglesia y el papel que las esposas desempeñan igualmente en la relación. Por ejemplo, las esposas juegan un papel vital al devolver el amor del esposo, al atesorarlo y al respetar su papel de liderazgo. Estas dos próximas semanas, afinemos las verdades y propósitos borrosos que el enemigo trata de ocultarnos sobre nuestros matrimonios. Veámonos mutuamente en nuestras identidades y roles conyugales reales centrados en Cristo a través de Su lente y levantemos a nuestros hombres como Cristo en sus poderosas posiciones como líderes y esposos piadosos y seamos las poderosas y preciosas esposas que Él ama tanto y que representan a Su Iglesia comprada con sangre. Alineémonos con Su Palabra y tengamos un extraordinario matrimonio cristiano hecho por la mano de Dios.

Debes saber esto

Dios ha favorecido a tu esposo, y tú eres su regalo (Proverbios 18:22). Al igual que la Novia es un regalo para Jesús, Dios te ha elegido solo para él. Dios dice que los hagamos a nuestra imagen y semejanza, tanto al hombre como a la mujer (Génesis 1:27). Esto indica que tanto el hombre como la mujer se asemejan a Dios en este mundo. Es cierto que a los maridos se les ha dado la posición de liderazgo como cabeza de sus hogares aquí en la tierra, pero cada uno es un heredero igual en el Reino, y cada uno muestra los diferentes atributos de la naturaleza de Dios maravillosamente aquí en la tierra.

¿Puedes ver cómo el matrimonio es importante para Dios, *especialmente como un frente indiviso* como Sus embajadores reales? Debemos poner orden en nuestro

herefore as the c
nto Christ, so let the wives be to
own husbands rin every thing
sHusbands, love your wive
as Christ also loved the churc
tgave himself for it;
6 That he might sanctify
he washing of w

matrimonio no solo para nuestro beneficio sino para ser la imagen unida de Dios mismo. El "misterio" de dejar a nuestra madre y a nuestro padre para convertirnos en una sola carne se ha revelado desde la creación del varón y la mujer como la unión que es el compromiso de pacto reflexivo de Cristo y Su Iglesia (Efesios 5:31–32). Al final de la era, cuando nos sentemos a la mesa de la Cena de las Bodas del Cordero, el matrimonio terrenal será disuelto, y finalmente veremos Su propósito del matrimonio: crear vida y representar la unificación amorosa de Cristo y Su Amada Esposa.

Verdades bíblicas

El matrimonio es un reflejo

Por favor, marca con un **círculo** todas las palabras de las siguientes escrituras que se refieran a los esposos y esposas en Cristo.

"El mayor tesoro de un hombre es su esposa: ella es un regalo de Jehová". (Proverbios 18:22)

"El que encuentra una esposa encuentra lo bueno y recibe el favor del SEÑOR". (Proverbios 18:22)

"Así creó Dios al ser humano a su imagen y semejanza. A imagen de Dios los creó; hombre y mujer los creó". (Génesis 1:27)

"Por eso el hombre dejará a su padre y a su madre y se unirá a su mujer, y los dos serán una sola carne. Este misterio es profundo, pero hablo de Cristo y de la Iglesia". (Efesios 5:31–32)

"Honrad a Cristo sometiéndoos el uno al otro". (Efesios 5:21)

"Esposas, comprendan y apoyen a sus esposos de manera que muestren su apoyo a Cristo. El esposo provee liderazgo a su esposa de la manera en que Cristo lo hace con su iglesia, no dominando sino apreciando. Así como la iglesia se somete a Cristo al ejercer ese liderazgo, las esposas deben someterse igualmente a sus maridos". (Efesios 5:22–24)

"Porque el marido es cabeza de la mujer, como Cristo es cabeza de la iglesia, siendo él mismo el salvador del cuerpo". (Efesios 5:23, AMP)

"Pero como la iglesia está sujeta a Cristo, así también las esposas deben estar sujetas a sus maridos en todo [respetando tanto su posición como protectoras como su responsabilidad ante Dios como cabeza de la casa]." (Efesios 5:24, AMP)

"Maridos, amad a vuestras mujeres, [buscad el mayor bien para ella y rodeadla de un amor bondadoso y desinteresado], así como Cristo amó a la iglesia y se entregó a sí mismo por ella, para santificarla, habiéndola purificado mediante el lavado del agua con la palabra [de Dios], a fin de [a su vez] presentársela a sí mismo en glorioso esplendor, sin mancha ni arruga ni cosa semejante, sino para que sea santa [apartada para Dios] e irreprochable." (Efesios 5:25–27, AMP)

"Así, los maridos deben y están moralmente obligados a amar a sus propias esposas como [siendo en cierto sentido] sus propios cuerpos. El que ama a su propia mujer se ama a sí mismo". (Efesios 5:28)

"Así es como los maridos deben tratar a sus esposas, amándolas como partes de sí mismos. Porque como el hombre y la mujer son ya una sola cosa, el hombre se hace realmente un favor y se ama a sí mismo cuando ama a su mujer". (Efesios 5:28)

"Porque nadie ha odiado jamás su propio cuerpo, sino que lo nutre, lo protege y lo cuida, como también Cristo lo hace con la iglesia, porque somos miembros (partes) de su cuerpo". (Efesios 5:29–30, AMP)

"Cada parte de ti es tan hermosa, querida. Perfecciona tu belleza sin defecto en tu interior". (Cantar de los Cantares 4:7)

"POR ESTA RAZÓN UN HOMBRE DEJARÁ A SU PADRE Y A SU MADRE Y SE UNIRÁ [y se dedicará fielmente] A SU ESPOSA, Y LOS DOS SE CONVERTIRÁN EN UNA SOLA CARNE. Este misterio [de que dos se conviertan en uno] es grande; pero estoy hablando con referencia a [la relación de] Cristo y la iglesia". (Efesios 5:31–32, AMP)

"Sin embargo, cada uno de vosotros [sin excepción] debe amar a su mujer como a sí mismo [con un comportamiento digno de respeto y estima, buscando siempre lo mejor para ella con una actitud de bondad amorosa], y la mujer [debe procurar] que respete y se deleite en su marido [que se fije en él y lo prefiera y lo trate con interés amoroso, atesorándolo, honrándolo y teniéndolo en cuenta]". (Efesios 5:33, AMP)

"Fue así como Sara obedeció a Abraham [siguiendo su guía y reconociendo su jefatura sobre ella al] llamarlo señor (maestro, líder, autoridad). Y vosotras sois ahora sus verdaderas hijas si hacéis lo correcto y no dejáis que nada os aterrorice [no cediendo a los temores histéricos ni dejando que las ansiedades os perturben]". (1 Pedro 3:6, AMPC)

"De la misma manera, ustedes, hombres casados, deben vivir con consideración con [sus esposas], con un reconocimiento inteligente [de la relación matrimonial], honrando a la mujer como [físicamente] la más débil, pero [dándose cuenta de que ustedes] son herederos conjuntos de la gracia (el favor inmerecido de Dios) de la vida, para que sus oraciones no sean obstaculizadas ni cortadas. [De lo contrario, no podréis orar eficazmente]". (1 Pedro 3:7, AMPC)

"De la misma manera, ustedes, esposos, vivan con sus esposas de manera comprensiva [con gran gentileza y tacto, y con una consideración inteligente de la relación matrimonial], como con alguien físicamente más débil, ya que ella es una mujer. Mostradle honor y respeto como coheredera de la gracia de la vida, para que vuestras oraciones no se vean obstaculizadas ni sean ineficaces. (1 Pedro 3:7, AMP)

"Vive alegremente con la esposa a la que amas todos los días de tu efímera vida que Él te ha dado bajo el sol: todos los días de vanidad y futilidad. Porque esta es tu recompensa en la vida y en tu trabajo en el que te has esforzado bajo el sol". (Eclesiastés 9:9 AMP)

"Si es posible, en la medida en que dependa de ti, vive en paz con todos". (Romanos 12:18, AMP)

"y nunca devolváis mal por mal ni insulto por insulto [evitad los regaños, las reprimendas y cualquier tipo de maltrato], sino que, por el contrario, dad una bendición [orad por el bienestar, la satisfacción y la protección de los demás]; porque para esto mismo habéis sido llamados, para que heredéis una bendición [de Dios que trae bienestar, felicidad y protección]." (1 Pedro 3:9, AMP)

"Y si pensamos que nuestro servicio actual para él es duro, recordemos que algún día nos sentaremos con él y gobernaremos con él. Pero si nos rendimos cuando sufrimos y nos volvemos contra Cristo, entonces él se volverá contra nosotros". (2 Timoteo 2:12)

El diseño del matrimonio

Una danza simbiótica

Según la Palabra, la relación de Cristo con la Iglesia es el ejemplo a seguir en nuestro matrimonio terrenal. Cuando entendemos y ejemplificamos esa relación, nuestro propio matrimonio puede prosperar. Por eso este libro se centra en cómo Cristo ama a la Iglesia. Solo podemos amar verdaderamente a nuestros cónyuges porque Él nos amó primero y luego nos muestra cómo amar hasta el sacrificio (Juan 13:35, Juan 15:13, 1 Juan 4:19–20).

Cristo siempre ha tenido su corazón y su mente en su novia. Él nos creó (Apocalipsis 4:11). Nos eligió (Efesios 1:4). Dejó los 99 para nosotros (Mateo 18:12). Nos dio a luz espiritualmente (Juan 1:13, 3:5–8). Y muchas más primicias de Cristo, a través de su ferviente amor, llegando a nosotros, llamando a la puerta de nuestros corazones, y buscando lo que estaba perdido. Él es nuestro Gran Pastor corriendo detrás de sus amadas ovejas. Él persigue a Su novia continua e implacablemente desde Su corazón para alimentarla, protegerla y cuidarla (Efesios 5:29). Esto no son mariposas al principio de una relación que luego se desvanece. Es una relación continua que crece en conocimiento y cercanía dirigida por Cristo desde Su corazón y correspondida por nosotros con todo nuestro corazón, alma, mente y fuerzas (Lucas 10:27).

Teniendo en cuenta el ejemplo de amor que nuestro Esposo ha proporcionado, el marido también es instruido para tener una pasión por la relación matrimonial. Él debe liderar la carga de nutrirla, protegerla y cuidarla también. De hecho, el matrimonio en Cristo comienza con la decisión del marido de seguir los pasos del Esposo. Y como resultado, él amará y cuidará a su esposa y su unión lo mejor que pueda.

Dicho esto, las responsabilidades asociadas a tener y mantener un matrimonio sano no recaen únicamente en el marido. El matrimonio está diseñado para ser una danza simbiótica, por así decirlo. Una relación simbiótica da y recibe y está destinada a beneficiar a ambas partes. Sin embargo, a veces una de las partes puede elegir no participar, lo que hace que ninguna de las partes se beneficie. En otras palabras, se trata de una relación que se beneficia o se perjudica en función de las acciones y las contrapartidas de cada uno. Esto es lo que realmente parece la "unidad" en el matrimonio. Es una relación en la que el marido, como Cristo, inicia de todo corazón, y la mujer debe corresponder de todo corazón para que funcione (véase el cuadro siguiente).

Para ser sincero, la palabra "simbiótica" no formaba parte de mi vocabulario. Recuerdo que la idea me vino a la mente, pero no estaba seguro de entenderla. Empecé a estudiar el término y me entusiasmó porque todo empezó a tener sentido para mí: este término describía el orden del matrimonio. Es una verdad de semilla y cosecha que Dios puso en su lugar en la creación, sin embargo, la diferencia aquí es que alguien debe dirigir (Cristo, Cabeza, esposo, acción) y alguien debe seguir (Novia, Cuerpo, esposa, contraacción) como en una danza. Esta acción y contraacción intencional y amorosa son la clave para la comunión gozosa entre los cónyuges, empezando por el líder designado.

En los matrimonios estancados o difíciles, muchas mujeres lideran la carga para volver a encarrilar sus matrimonios. Pasan innumerables horas investigando en Internet, comprando libros de matrimonio o de autoayuda, escuchando podcasts e incluso buscando asesoramiento. Puede que intenten hablar con sus maridos sobre las soluciones e idear un plan, pero con el tiempo se queda en nada y los cambios realizados duran poco. Los esfuerzos temporales se convierten en listas de tareas legalistas y los interminables análisis maritales se convierten en largas y agotadoras discusiones que pueden llevar a discusiones. Creo que esto se debe a que los maridos, en su papel de liderazgo designado por Dios, son los principales agentes de cambio, y cuando están totalmente unidos a la Vid, "arreglar" el matrimonio se convierte en algo fácil y productivo. Una vez más, una relación simbiótica requiere que tanto el marido como la mujer asuman la responsabilidad en el matrimonio, pero el líder de la unión, como Cristo, inicia la carga para un cambio duradero.

Lo anterior es solo un fragmento de la relación simbiótica entre Cristo y Su Iglesia y cómo en Su Palabra, la relación entre el esposo y la esposa son instruidos para vivir y prosperar en una relación simbiótica. Esto comienza con la acción amorosa del esposo, como Cristo hacia nosotros, Su Iglesia, y luego la contrapartida amorosa de la esposa. Es como una hermosa danza en la que el marido lleva la batuta.

Cristo y su Iglesia

CRISTO PRIMERO	IGLESIA RESPONDE	ACCIÓN Y RESPUESTA
Si esta (causa procesal)	Entonces esto (efecto accionable)	Beneficios (de causa y efecto positivo)
Cristo	**Iglesia Católica**	
Sacrificio en la Cruz	Cree, acepta el don gratuito de la salvación por la fe, se arrepiente	Vida eterna, vida abundante, Su justicia, herencia del reino, sin condenación, liberado, perdón, liberado de la ley, esposa de Cristo, hijo de Dios, heredero y coheredero, embajador real
Cristo en ti (el Espíritu Santo enviado y su Palabra)	Permanece en Él, guarda sus palabras en ti, pide lo que quieras	Dar mucho fruto, tener todo lo que se pide según su voluntad, Padre glorificado, verdaderos discípulos
Nueva creación en Cristo	Revestirse de un nuevo yo (un yo regenerado y renovado)	La semejanza con Cristo, expresa a Dios la gratitud por su salvación
Tesoros eternos disponibles	Corazón y acción para Cristo	Tesoros eternos en el Bema Seat (Tribunal de Cristo)

Marido y Mujer

Marido	Esposa
Se sacrifica por su esposa (altruista, solidario, busca el bien supremo, la actitud de la bondad amorosa)	Acepta y permanece en su amor sacrificado, devuelve el amor de un corazón desbordante en Cristo
Lee y estudia la Palabra de Dios con la esposa, la oración	Participa en la lectura y el estudio de la Palabra de Dios y en la oración
Ama a la esposa como a sí mismo (la nutre, la protege, la cuida)	Lo respeta, lo estima, se fija en él, lo prefiere, se preocupa por él con cariño, lo atesora, lo honra, lo tiene en cuenta
Comprende, respeta, honra a la esposa como coheredera con gentileza y tacto, reconociendo al sexo débil, tiene una consideración inteligente por el matrimonio, pensante en las necesidades	Reconoce el liderazgo designado en el hogar, la sumisión, la obediencia, sin ansiedad, sin intimidación

UNA ACCIÓN POSITIVA/UNA NEGATIVA O AMBAS NEGATIVAS Consecuencias (de causa o efecto negativo)		Escrituras
Perecer, infierno, cautivo, antigua creación, bajo el antiguo pacto, bajo la ley, separado de Dios por la eternidad, fuego eterno, maldito, castigado, no verá su gloria		Mateo 25:41, Lucas 22:20, Juan 3:16, Juan 10:10, Romanos 6:23, Romanos 7:6, Romanos 8:1–39, 1 Corintios 6:9–10, 2 Corintios 3:6, 2 Corintios 5:17, Hebreos 8:13, Hebreos 9:15, Colosenses 1:21, 2 Tesalonicenses 1:9
Sin fruto, no puede hacer nada, rama desechada y marchita		Juan 15:1–8
Continúa en la naturaleza anterior		2 Corintios 5:17, Efesios 4:24 AMP
No hay recompensas		Salmo 62:12, Mateo 6:19–21, 27, Romanos 14:10, 1 Corintios 3:13, 2 Corintios 5:10, 1 Timoteo 6:19, Apocalipsis 22:12
Se siente amado, honrado, valorado y apasionado por	El marido y la mujer pueden orientarse hacia sí mismos	Efesios 5, Santiago 4
Unificados en Cristo, en paz y con un propósito	Puede frenar el crecimiento y apoyarse en conocimientos mundanos destructivos	Mateo 18:19, Juan 17:17, Hechos 2, Romanos 15:4, Efesios 5, Colosenses 2, 1 Timoteo 3, 2 Timoteo 3
El matrimonio saciado, ejemplo de Cristo y su Esposa	Puede haber desequilibrio, es decir, dominación o pasividad por alguna de las partes, matrimonio estancado	Efesios 5, Santiago 4
Amor, honor y respeto mutuos como herederos y coherederos del Reino, embajadores de Cristo, matrimonio extraordinario que conoce la vocación real y la obediencia a la Palabra	Las oraciones del marido se ven obstaculizadas, no reciben respuestas inmediatas, son ineficaces o se cortan	1 Pedro 3:7 (AMP, AMPC, RVR), Gálatas 6:2

¿? ¿Qué acciones o inacciones por tu parte o por la de tu marido te han llamado la atención después de leer esta sección?

¿Cuál es una acción positiva que puedes discutir con tu marido esta semana y que él puede necesitar para perseguirla y qué contraacción posterior puedes tomar en respuesta? Recuerda que es un baile.

Esposos rocosos

Como Cristo es la Cabeza de la Iglesia

A lo largo de las Escrituras, nuestro Señor es descrito como una roca (Deuteronomio 32:4, Salmo 18:2, Salmo 18:46, Isaías 26:4, Mateo 7:24, Corintios 10:4). Las rocas son sólidas y duraderas, lo que describe perfectamente a nuestro Esposo. Él proporciona el único fundamento sobre el que podemos construir nuestras vidas. Por lo tanto, Él es el ejemplo para los esposos que se esfuerzan por proveer y proteger a sus esposas y familias. Día tras día, puede que no nos demos cuenta del poder, la estabilidad y la firmeza de nuestra Roca (visible e invisible). Lo mismo puede decirse de nuestros esposos cuando están arraigados en un fundamento firme del liderazgo de Cristo. La cabeza de todo marido es Cristo, y la cabeza de toda mujer son nuestros maridos como la Roca (Efesios 5:23, 1 Corintios 11:3).

Naturalmente, nuestros esposos no son perfectos y pueden cometer errores a diario o quedarse cortos en amarnos específicamente de la manera que podemos necesitar, pero no nos equivoquemos, ellos merecen nuestro sincero agradecimiento por sus características hechas a la imagen de Dios. Este firme fundamento de Cristo a través de nuestros esposos no puede ser pasado por alto. Debemos ver las buenas cualidades de nuestros hombres antes de que podamos llegar a las responsabilidades y ejercicios específicos que se presentan a continuación, con el fin de informar y enfocar hacia un matrimonio más saludable.

Muchas esposas, incluyéndome a mí, estábamos en una niebla y mal guiadas por el mundo cuando nos casamos por primera vez. Éramos diamantes en bruto de nuestra inmadurez y perspectiva limitada. A veces, nuestras emociones estaban fuera de control, ya que estábamos hormonales, con exceso de trabajo o simplemente agotadas con los niños, las mascotas y nuestros hogares. Afortunadamente, nuestros maridos, con características similares a las de Cristo, intervinieron muchas veces y se convirtieron en nuestras rocas. A menudo, sin saberlo, emplearon cualidades como la quietud, la rapidez en la resolución de problemas, el control de las emociones, la firmeza de la fe y la determinación de seguir adelante, lo que nos mantuvo con los pies en la tierra y seguras. Y a semejanza de Cristo, estoy segura de que hubo momentos en los que atravesaste una tormenta en la vida y tu marido intervino y rezó tranquilamente sin que tú lo supieras, o hizo una llamada telefónica para arreglar las cosas para que tú y la familia llegaran al otro lado. Puede que esos fueran los momentos en los que tú no podías seguir con tus propias fuerzas, y él lo soportó todo a sus espaldas.

Cada uno de nosotros tiene un papel que desempeñar, pero nunca sabremos lo que pasa por sus mentes o las cargas que llevan como líderes designados por Dios. Simplemente estamos llamados a desempeñar diferentes funciones y responsabilidades. Dios nos diseñó a nosotros y a nuestros matrimonios así, y honramos y respetamos a nuestros esposos por sus cualidades únicas dentro de sus roles de liderazgo. A pesar de los defectos de nuestro esposo, podemos celebrar y agradecer a Dios por ellos. En el fondo, creo sinceramente que la mayoría de los maridos, si no todos, te esperaron al final del pasillo el día de tu boda porque te aman sinceramente y quieren ser tu roca, igual que Cristo lo es para la Iglesia.

Enumera algunas características similares a las de la roca que ve en tu marido. Comparte una esta semana y agradécele por ser obediente a tu papel en los buenos y malos tiempos.

Nombra una situación en la que hayas necesitado a tu marido y él haya salido adelante cuando tú no tenías la fuerza necesaria. Compártela con él esta semana.

La mujer en el pozo

Un corazón desbordante de amor

El que beba del agua que yo le dé, no volverá a tener sed. Pero el agua que yo le dé se convertirá en él en un manantial de agua [que satisface su sed de Dios] que brota [que fluye continuamente, que burbujea dentro de él] para la vida eterna. La mujer le dijo: 'Señor, dame esta agua, para que no tenga sed ni tenga que venir continuamente a sacar'. Ante esto, Jesús le dijo: 'Ve, llama a tu marido y vuelve'. La mujer respondió: "No tengo marido". Jesús le dijo: "Has dicho correctamente que no tienes marido, porque has tenido cinco maridos y el hombre con el que ahora vives no es tu marido. Has dicho la verdad". (Juan 4: 14–18, AMP)

No importa lo mucho o lo poco que tu marido intente ser el marido perfecto instruido por la Palabra de Dios, nunca podrá satisfacer la sed que tienes en lo más profundo de tu corazón y de tu alma. Solo Cristo puede llenar este agujero porque Él es el único Esposo perfecto. Él vela por ti y por tus necesidades, y las satisface llenándolas a tope. El amor entre tú y Cristo es saciante más allá de lo que otro ser humano pueda ofrecerte. Tu esposo no se sacrificó ni puede sacrificarse y cumplir los requisitos de un Dios santo y perfecto. En su finitud, no puede ver plenamente ni cumplir lo que tu corazón más desea. Podemos ir de discusión en discusión con nuestro cónyuge, esperando e incluso suplicando ser satisfechos en lo más profundo, pero inevitablemente seremos llevados de vuelta al pozo, deshidratados y desesperados por más de lo que solo Él puede dar... el Agua Viva que nunca se seca.

¿? ¿Cuál es una necesidad profunda que puedes entregar plenamente a Dios y que tu marido no está alcanzar en lo más profundo de su corazón?

Tómate 5 minutos y busca en Google una escritura que diga que esa necesidad ha sido satisfecha plenamente en Cristo. Por ejemplo, ser escuchado en Juan 9:31. Escriba aquí la Escritura:

_____

_____

_____

Resentimiento y falta de perdón

Limpieza y avance

"Lo que deseo es que todos los cristianos de allí estén llenos del amor que proviene de corazones puros y que sus mentes sean limpias y su fe fuerte". (1 Timoteo 4:6)

Antes de que las parejas puedan progresar en la restauración o mejora de sus matrimonios, el resentimiento y la falta de perdón por los errores del pasado deben ser enfrentados y eliminados. A través del lente de nuestro pecado heredado, tanto el esposo como la esposa pueden llegar a un acuerdo con sus fallas y buscar liberarse mutuamente de ellas para el mejoramiento de su matrimonio. Independientemente de lo que se haya hecho o dicho casualmente o incluso intencionadamente, cuando reconocemos que todos nos quedamos cortos y que el sacrificio de Cristo cubre todos los errores pasados, presentes y futuros, podemos superarlos.

El objetivo es un matrimonio sano. Si nos quedamos en el resentimiento y la falta de perdón, nos mantendrá en un estado tóxico. Él nos perdonó y nosotros debemos hacer lo mismo. ¿Cuántas veces dijo Cristo que hay que perdonar a alguien? No siete, sino setenta veces siete (Mateo 18:21–22). Recuerda que somos coherederos en el reino y que Dios no tiene favoritos (Romanos 2:11, 1 Pedro 3:7). *En el futuro*, creo que la falta de perdón y el resentimiento pueden evitarse principalmente con un comportamiento que esté en consonancia *con el conocimiento y la actuación de la identidad real de cada uno en Cristo y/o las funciones y los mandatos matrimoniales señalados en la Palabra de Dios.*

Ejercicio

Escriba a continuación tres ofensas mayores y tres alabanzas mayores tanto del esposo como de la esposa. Sugiero hacer esto primero en privado llevándolo a Dios en oración y abordándolo con amor antes de discutirlo y limpiarlo juntos. Escribir tres ofensas seguidas de tres alabanzas suavizará el tono de la discusión y mantendrá la perspectiva de que todos somos defectuosos y al mismo tiempo, por Su gracia, tenemos valor redentor.

Una vez que hayan hecho la lista, pídanse sinceramente perdón por las ofensas y luego, den las gracias por lo que cada uno ha hecho o hace bien. Esta actividad les ayudará a aceptar las debilidades del otro y a deleitarse en las fortalezas que Dios les ha dado, moviendo su matrimonio hacia un nuevo estado de limpieza. Si hay ofensas adicionales, por favor rehagan el proceso con tres de cada una, ofensas y alabanzas, para mantener la perspectiva una vez más y mantener las conversaciones en equilibrio.

Pídale al Señor que los haga avanzar a ambos con las manos en el arado, aptos para los propósitos del reino, y que no se empantanen como una táctica del enemigo (Lucas 9:62). Después de completar este ejercicio, los animo a ambos a leer la siguiente oración y finalmente poner a descansar el pasado y mirar hacia el futuro unificados en Él.

Tres delitos mayores

_____

_____

_____

Tres grandes elogios

_____

_____

_____

Oración diaria del perdón

Amado Señor,

Sé que _____ (nombres del cónyuge) son igualmente parte de la Novia elegida y amada en el reino de Dios. Como embajadores de Cristo en la tierra, individualmente y como una sola carne, operamos con esta mentalidad diariamente y reconocemos que Tu sangre ha lavado todas las ofensas-pasadas, presentes y futuras. Por lo tanto, te pedimos que pongas nuestra mente en las cosas de arriba y no en las de abajo para que podamos representarte bien. Si algún error fue cometido intencionalmente o no, por favor perdónanos ya que sabemos que no somos nada sin Ti. Solo por Tu gracia, nos movemos, respiramos y tenemos nuestro ser para Tu propósito y gloria. Lo dejamos todo y nos vemos en Tu justicia y nos tratamos como Tú nos tratas, perdonando y olvidando todo.

Hoy es un nuevo día, y expulsamos la culpa, la vergüenza y las mentiras del enemigo en nuestras mentes y corazones. Reconocemos que cuando estamos bajo condenación, ésta nos roba la revelación de Dios y sofoca Su plan divino y la abundancia para nuestras vidas (Romanos 8:1). También entendemos que nos impide ver lo que Tú quieres que veamos. Bajo esta tiranía del enemigo, somos ciegos y cojos, incapaces de caminar a la altura del Señor (2 Samuel 5:8).

Dijiste en tu Palabra que las misericordias que provees cada mañana nos refrescan para aclarar nuestras mentes y caminar en la verdad de tu completo perdón. (Lamentaciones 3:22–23, Colosenses 1:10). Por fin vemos esto y aceptamos esta gracia inmerecida y la ofrecemos unos a otros para Tu gloria y nuestro bien. En el nombre de Jesús, Amén.

Aléjate de los enfrentamientos

Sacrificio por ella

"Maridos, amad a vuestras mujeres como Cristo amó a la iglesia y dio su vida por ella". (Efesios 5:25)

Al igual que en la primera semana de este estudio, acompáñenme en mi imaginación de cómo pudo haber sido el día en que nuestro Señor y Salvador, nuestro Esposo, decidió sacrificarse por su Esposa, la Iglesia. Este amor de sacrificio parece haber sido exhibido en el Jardín de Getsemaní o en la Cruz, pero tal vez, solo tal vez, también se mostró cuando Él estuvo atado con cadenas ante Pilato y no respondió cuando fue interrogado. O quizás fue cuando no contestó cuando los acusadores judíos gritaron para crucificarlo. Entremos en la vívida escena en el palacio de Pilato.

Después de que el gallo cantara tres veces y tras el juicio ante Caifás, Él entró en el palacio del gobernador romano, Poncio Pilato. Allí se encontraba una turba de judíos que optó por quedarse fuera. Estaban aterrorizados de ser profanados por Él antes de la Pascua. Después de escuchar sus gritos para crucificarlo, Pilato salió al balcón y les preguntó qué había hecho mal para justificar una muerte tan extrema. Para ellos, era culpable de herejía. Afirmaba que era el Hijo de Dios y un Rey, no de este mundo. Decididos, no declararon otro rey que el César. Pilato, creyendo que tenía el poder de liberarlo o crucificarlo, se dirige a Jesús y lo interroga. Le pregunta por qué no se defiende ante él. Jesús responde diciendo que Pilato no tenía autoridad para decidir si Él vivía o no, a menos que le fuera dada desde arriba (Juan 19:11).

Al mismo tiempo, los jefes de los sacerdotes que estaban junto a Pilato, lo acusaron de muchos otros crímenes. Y entonces, como si se pudiera oír caer un alfiler, Jesús no dijo absolutamente nada. Él conocía su posición en el Reino eterno y el propósito de estar allí. Este propósito era sacrificarse por Su Amado. Temiendo un motín, Pilato aplacó a la multitud y ordenó a los soldados romanos que lo llevaran al cuartel del palacio y que le azotaran la espalda hasta que rezumara sangre. Burlándose de Él, los soldados le colocaron una corona de afiladas espinas en la cabeza y lo envolvieron en un manto real de color escarlata antes de ser llevado de nuevo ante la salivante y desquiciada multitud. La multitud continuó gritando en lealtad al mundo malvado del que Él vino a salvarlos.

Después de que Pilato lo entregara a la petición de los judíos de crucificarlo, imagino que el momento transcurrió como una prefiguración del ejemplo de Su amor sacrificado por los esposos (Efesios 5:25). En ese momento, antes de ser conducido al Calvario, Él tomó una vívida imagen en Su mente de Su hermosa Esposa establecida antes de la fundación del mundo de pie afuera. A pesar de sus gritos, Él estaba a punto de dar todo -su propia vida- por ella.

Puedo verle girando sus pies para salir con el manto terrenal ensangrentado arrastrándose detrás de Él y deteniéndose durante lo que pareció una eternidad detrás de los guardias. Luego, mirando de nuevo a los esposos, habló en un tono suave y resuelto: "Ve y haz lo mismo por tu esposa, tu amada. *Conoce* quién eres en mi Reino. *Conoce* tu condición real de heredero, coheredero y embajador. *Conoce* que has sido elegido, designado y que tienes una misión como su líder, al igual que yo. *Quédate* quieto y callado. *No* te defiendas. *No* discutas. *Descansa* en la mirada del Padre. *Elígela* en obediencia resistiendo al enemigo cercano. *Demuestra* Mi amor sacrificándote por ella. Al hacerlo, la amarás como Yo amo a la Iglesia, y su belleza surgirá y brillará para el mundo entero. ¿Harás esto por Mí?"

Esta es una llamada de su Rey a los maridos para que le sigan y salgan del ruedo del conflicto y de la justicia propia. Deben salir del tira y afloja con sus esposas y entrar en su posición de liderazgo. No estoy diciendo que deban tolerar el abuso de cualquier tipo debido a su humildad como la de Cristo, pero deben asegurarse de confiar en Su gracia para rebajarse momentáneamente para desescalar los conflictos de la mejor manera posible. Esto requerirá un cambio de corazón y de mentalidad. Deben tratar de entender a sus esposas, incluso cuando pueda parecer anormal o incómodo. Deben seguir a Jesús en su amor por su Iglesia, soportando sus gritos y llantos por un minuto y derramando sacrificialmente su amor por sus esposas, incluso cuando sientan la injusticia de la incomprensión o el dolor de la crítica. Tienen que correr hacia sus esposas con los brazos abiertos como Cristo en la cruz para abrazarla hasta la plenitud.

"Como el Padre me ha amado, así también yo os he amado; permaneced en mi amor. 10 Si guardareis mis mandamientos, permaneceréis en mi amor; así como yo he guardado los mandamientos de mi Padre, y permanezco en su amor. 11 Estas cosas os he hablado, para que mi gozo esté en vosotros, y vuestro gozo sea cumplido. 12 Este es mi mandamiento: Que os améis unos a otros, como yo os he amado. 13 Nadie tiene mayor amor que este, que uno ponga su vida por sus amigos. 14 Vosotros sois mis amigos, si hacéis lo que yo os mando. 15 Ya no os llamaré siervos, porque el siervo no sabe lo que hace su señor; pero os he llamado amigos, porque todas las cosas que oí de mi Padre, os las he dado a conocer. 16 No me elegisteis vosotros a mí, sino que yo os elegí a vosotros, y os he puesto para que vayáis y llevéis fruto, y vuestro fruto permanezca; para que todo lo que pidiereis al Padre en mi nombre, él os lo dé". (Juan 15:9–16)

"Te mando delante de Dios, que da vida a todas las cosas, y de Jesucristo, que dio testimonio de la buena profesión delante de Poncio Pilato, 14 que guardes el mandamiento sin mácula ni represión, hasta la aparición de nuestro Señor Jesucristo, 15 la cual a su tiempo mostrará el bienaventurado y solo Soberano, Rey de reyes, y Señor de señores, 16 el único que tiene inmortalidad, que habita en luz inaccesible; a quien ninguno de los hombres ha visto ni puede ver, al cual sea la honra y el imperio sempiterno. Amén". (1 Timoteo 6:13–15)

Recordatorio: Los esposos están en un proceso de santificación, al igual que nosotros. El ejemplo del amor sacrificado de Cristo es, con mucho, la tarea más difícil para cualquier cristiano, incluidos los maridos. Debemos esperar pequeños cambios y dar pequeños pasos juntos. Incluso conociendo estas verdades, podemos tener contratiempos y caer en las mismas rutinas (ver la sección De las averías a los avances más adelante). Permanezcan en la alegría, tengan paciencia y oren sin cesar el uno por el otro (Romanos 12:12). Con Cristo en el centro de nuestro matrimonio, nos apoyamos en su amor y en su gracia para que ambos seamos a su semejanza para su gloria.

Nutrir, proteger y cuidar

Los mandatos de Dios

"Porque nadie ha odiado jamás su propia carne, sino que la nutre y la protege cuidadosamente y la cuida, como Cristo lo hace con la iglesia". (Efesios 5:29)

En Efesios 5, Pablo llama a los esposos a nutrir, proteger y cuidar a sus esposas como Cristo lo hace con la Iglesia. En el matrimonio, incluso en los más sanos, a menudo podemos perder la chispa el uno por el otro con el tiempo. Gracias a Dios, tenemos tres palabras que pueden devolver la chispa e incluso encender un fuego eterno que haga arder nuestro único cuerpo de marido y mujer. Veamos cómo es ser alimentado, protegido y apreciado.

Una sola carne

Los maridos deben amar sus cuerpos

"Del mismo modo, los maridos deben amar a sus mujeres como a sus propios cuerpos. El que ama a su mujer se ama a sí mismo". (Efesios 5:28)

Tu cuerpo puede representar cómo te amas a ti mismo. Tu cuerpo puede representar cómo amas a tu esposa. El hombre que ama a su esposa se ama a sí mismo.

Trata a tu esposa como parte de tu propio cuerpo.

Nadie ha odiado nunca su propio cuerpo, sino que lo nutre, lo protege y lo cuida. Tu cuerpo puede representar el cuidado que Cristo tiene por su esposa.

El que se ama a sí mismo se hace un favor a sí mismo, ya que esposa y esposo son uno. Tu cuerpo es el templo de Dios, y Él pagó un alto precio por él.

Nota: La sección anterior está tomada directamente de Efesios 5:28–33 y de 1 Corintios 6:20 y, en términos generales, está dirigida a los maridos que gozan principalmente de buena salud. Soy plenamente consciente de que muchos maridos (y esposas) tienen problemas médicos reales que pueden impedirles la salud física. En esos casos, esto no refleja de ninguna manera su amor por ellos mismos, por sus esposas, o lo bien que representan el cuidado de Cristo por Su Iglesia, Su Cuerpo.

Alimentar

Crecí en un hogar vacío de la Palabra de Dios y, como resultado, estaba desnutrido espiritual y mentalmente. Me encontré yendo de amigo en amigo y de novio en novio en busca de otros que me nutrieran de la manera en que solo Dios y tu esposo pueden hacerlo. Tú y tu marido (o futuro marido) sois una sola carne a los ojos de Dios, y a él se le ordena, como cabeza, que dirija la carga para cuidarla lo mejor posible. Recuerda que Pablo recuerda a los maridos que nadie odia su propio cuerpo; lo alimentan para que esté sano y fuerte. Nuestro estómago envía señales a nuestro cerebro de que necesita comida, y en respuesta, comemos. Del mismo modo, las esposas quieren un alimento espiritual, mental y físico constante. Es prioritario que el marido preste atención a las señales de su mujer para poder proporcionarle lo que necesita. Por ejemplo, una esposa puede mostrarse ligeramente irritada, demasiado sensible o inusualmente distante con su marido. Es en esos momentos, como cuando tenemos hambre o "hambre", que los maridos pueden necesitar "alimentar" a sus esposas con palabras alentadoras, tiempo y atención centrados, u orar sobre ella como hace Cristo con la Iglesia.

"

Crecí en un hogar vacío de la Palabra de Dios y, como resultado, estaba desnutrido espiritual y mentalmente.

"

La palabra alimentar en este texto de Efesios 5 se refiere específicamente a la formación y la maduración. Además de la obra del Espíritu Santo, creo que Pablo infiere que el marido está llamado a ayudar a dirigir el crecimiento y la vitalidad de su esposa como ejemplo de la vibrante salud y desarrollo que Cristo busca y gestiona para su amada.

Enumera a continuación algunas de las formas en que tu marido puede apoyar tus necesidades nutricionales diarias.

Espiritualmente	Mentalmente	Físicamente
Leer juntos el libro de los Salmos	Ayúdale a resolver un problema urgente	Salgan a pasear juntos una vez a la semana

¿? ¿Qué área de la alimentación puede necesitar ser priorizada esta semana?

¿Qué es lo que tú y tu marido podrían añadir a su rutina esta semana para sentirse sanos y llenos de vida?

Protege

Como muchas otras mujeres, siempre he sentido la necesidad de una protección adicional. Creo que esto se debe a que fui intimidada durante muchos años por un amigo del barrio que trató de hacerme sentir inútil e invisible cuando era niña. Solo cuando aprendí que la mano derecha de mi Padre me sostiene, que me cubre con sus alas y que me vigila día y noche, comencé a sentirme segura (Isaías 41:10, Salmo 32:8, Salmo 121:5–8). Su promesa de librarnos de todos nuestros temores y de amarnos tan perfectamente como para desechar nuestros temores, finalmente restaura nuestras mentes y corazones.

Me encanta que Pablo diga que los maridos deben proteger a sus esposas porque el sentido de seguridad de una mujer sigue siendo necesario aquí en la tierra. Esa seguridad es fundamental para la estabilidad de la relación. Los maridos juegan un papel muy influyente e integral en la necesidad de protección de sus esposas en su vida diaria (ver la sección del Primer y Último Adán más adelante). Esto puede venir a veces de sentirse insegura en este mundo cada vez más malvado, de tener preocupaciones financieras en casa, o de ataques espirituales del enemigo a su imagen y bienestar. Cualquiera que sea la razón, los esposos deben jugar un papel de liderazgo como protectores a nivel físico y a nivel espiritual, mental y emocional, que son tan subestimados y necesitados por sus esposas.

Enumera a continuación algunas de las formas en que tu marido puede apoyar tu necesidad de protección.

Espiritualmente	Mentalmente	Físicamente
Leer juntos regularmente las escrituras sobre la protección	Ponerla en primer lugar bajo Dios por encima del trabajo y la familia	Revisiones rutinarias del coche

¿? ¿Qué área de protección sientes que necesitas más?

¿Qué es una pequeña cosa que tu marido podría añadir a tu rutina esta semana para que te sientas segura?

Aprecio

Apreciar va más allá del enamoramiento y el romance. Es un llamamiento bíblico para que los maridos estén agradecidos y asombrados por el don que Dios les ha concedido. La esposa debe ser priorizada, admirada y exhibida pública y privadamente como el diamante que brilla en sus vidas. Como una joya en la corona de Cristo, ella brilla para que todos la vean (Isaías 62:3, Proverbios 12:4). El deseo de todas las esposas es saber que sus maridos se deleitan en ellas. Ellas quieren escuchar que no importa cuán cansadas se vean, ellas se ven hermosas para sus esposos. Ellas quieren ser continuamente perseguidas mucho más allá de los días de noviazgo. Quieren ser apreciadas, mimadas y celebradas por ser la esposa perfecta que Dios eligió para ellas. Quieren que se les escuche y se empatice con ellas y mucho más.

Los esposos deben aprender lo que significa apreciar y tomar acción para cumplir este mandato de Dios y para que las esposas estén abiertas a ello (ver la sección Romance vs. Apreciar más adelante). El matrimonio tiene que ver con las interacciones cotidianas. Por ejemplo, ser acariciado un martes cuando estás cocinando la cena o estás cansado del trabajo es más importante que cuando estás de vacaciones. No te pierdas esto. Ser apreciada es una intención del corazón como el corazón de Cristo para su novia. No está destinado a ser ocasional; es continuo y da vida. Cuando un esposo se presente ante Él y la entregue por así decirlo, que se sienta orgulloso del amor acariciador que le dio en el proceso de maduración que dirigió para el honor y el gozo de Cristo.

Enumera algunas de las maneras en que tu esposo puede apoyar tu necesidad de ser acariciado diariamente. (Ve el estudio de los hombres para diferentes formas prácticas).

Espiritualmente	Mentalmente	Físicamente
Agradece a Dios por ella en la oración conjunta	Dile a tus suegros lo maravillosa que es	Miradas de amor

¿? ¿Qué área es la que más necesita ser apreciada?

¿Qué es lo que podría hacer específicamente tu marido para que te sientas apreciada esta semana?

El primer y el último Adán

Líder y protectora

La protección es muy importante para las mujeres. No solo el enemigo viene con fuerza en un mundo que se está convirtiendo cada vez más en un lugar más peligroso, sino que los ataques de Satanás desde un punto de vista mental y emocional a través de los medios de comunicación y otros lugares pueden ser incesantes. Las Escrituras validan esa necesidad de protección ya que es un mandato de Dios dado a los esposos. Creo que las esposas, y los maridos en realidad, no entienden realmente cuánto necesitan el liderazgo y la protección del marido, especialmente porque las mujeres son el vaso más débil. No somos más débiles en el sentido de que seamos desiguales, sino en términos de una cadena de mando en el hogar y en términos generales de que los hombres son físicamente más fuertes que las mujeres por diseño.

Hay una escena devastadora en el jardín cuando Adán falla a Eva en esta área. No se trata de un ataque negativo a los maridos, sino más bien de una llamada para que vean lo importantes que son en su papel de liderazgo. En ese momento, no solo estaba Eva en sus manos, sino el destino de todo el mundo por venir. Al igual que Adán, muchos maridos no se dan cuenta de la grave posición y el desconocido poder que tienen en su matrimonio, en sus familias y para Cristo y su reino.

Todos sabemos que Eva fue tentada, y que Adán se mantuvo al margen e incluso probó el fruto prohibido que ella le ofreció, pero lo que vino después es aún más revelador. Adán, el líder de la unión, culpó a Eva y la convirtió en el problema. Gracias a Dios por el último Adán, como se menciona en 1 Corintios 15:45. Jesucristo anuló y revirtió este dominio satánico a través de la Cruz, pero todavía está llamando a un esposo a ser el primero en tomar el brazo de su esposa y retirarla del árbol. Ellos deben pararse en la brecha y señalar las mentiras del enemigo. Deben guiar a sus esposas a arrodillarse en los jardines de sus hogares para orar y adorar al único y verdadero Dios para obtener la fuerza necesaria para resistir los caminos astutos y engañosos de Satanás. Luego, tienen que ayudar a levantar a sus esposas de nuevo sobre sus pies, tomarlas de la mano, y correr con ellas tan rápido y tan lejos del mal como sea posible. Mejor aún, con todas las fuerzas que le queden, el marido debe levantar a su mujer en brazos y llevarla a un lugar seguro.

A Adán le dijo: "Por haber hecho caso a tu mujer y haber comido el fruto del árbol sobre el que te mandé, no debes comer de él. Maldita sea la tierra por tu culpa, con doloroso trabajo comerás de ella todos los días de tu vida'. (Génesis 3:17)

¿Cuál es un momento en el que tu marido ha ejercido su papel protector?

¿Cuál es el momento o la época de tu matrimonio en la que tu marido perdió la oportunidad de ejercer ese papel protector?

Recuerda que él es imperfecto y que, como todo marido, ha fallado en su papel. Esta pregunta saca a la luz el ejemplo de Dios como protector total de su Iglesia (incluida tú). A pesar de las debilidades de nuestro esposo, Él está en la brecha por ti y orquesta cada situación para tu bien (Romanos 8:1, Romanos 8:28).

Considera la posibilidad de discutir tus respuestas a estas preguntas con tu esposo, pero asegúrate de hacerlo con un corazón de comprensión y perdón para avanzar como lo hizo Cristo con Adán para revertir la maldición.

Romance y cariño

Dos acciones distintas

Romance—un término originado en la literatura durante la época medieval centrada en el ideal de la caballería. Incluye una fuerte atracción física hacia otra persona y sentimientos emocionales intensos de amor.[26] El romance puede expresarse a través

"

...las esposas están hechas para ser amadas
y los maridos están llamados a hacerlo.

"

de varias formas temporales, incluyendo tomarse de las manos, comprar regalos, tomar aventuras y compartir cenas a la luz de las velas.

Apreciar—una vocación espiritual superior para amar a alguien de corazón. Honrar, adorar, cuidar con ternura y atesorar.[27] Ponerlo por encima de sí mismo y estar orgulloso de verlo brillar. Se puede construir la intimidad con alguien de forma consistente a lo largo del tiempo.

Hay una clara diferencia entre un marido llamado a valorar a su esposa y ser romántico. No tengo una estadística que lo respalde, pero creo que la mayoría de las mujeres preferirían ser apreciadas que románticas. Según la Palabra, las esposas están hechas para ser acariciadas, y los maridos están llamados a hacerlo. Una vez que el esposo aprende lo que significa amar y actúa de acuerdo a ello (ver sinónimos), creo que la necesidad de ser romántica disminuye.

Actividad de la escala de romanticismo y cariño

En una escala del 1 al 10 (siendo el 1 el menor y el 10 el mayor), encierra en un círculo la cantidad de romance y cariño que experimentas actualmente por parte de tu marido como punto de referencia. Pon un cuadrado alrededor de la cifra que te gustaría tener en el futuro, basándote en tus propias necesidades personales, pero realistas.

Este ejercicio controla el crecimiento en estas áreas y las esposas deberían estar satisfechas con los resultados de los pequeños avances a lo largo del tiempo. Recuerda que nuestros maridos no son perfectos, pero reconocer su esfuerzo es fundamental para no vivir en la fantasía de los medios de comunicación o en nuestra mente.

Romance

1 2 3 4 5 6 7 8 9 10

Aprecio

1 2 3 4 5 6 7 8 9 10

¿Cuál es una forma en que tu marido puede enamorarla esta semana para hacer que su número suba uno o dos puestos en la escala?

¿Cuál es una manera en que tu esposo puede acariciarte esta semana para que tu número suba uno o dos lugares en la escala?

Al reconocer que solo en Cristo se satisfacen todas las necesidades, ¿cuál es una manera en que Cristo puede satisfacer tus necesidades de romance y sentirte apreciada?

Los 4 aspectos no negociables, las necesidades y las preferencias

Límites y deseos

Independientemente de la relación, ya sea en el matrimonio o en los negocios, los aspectos no negociables, las necesidades y las preferencias deben examinarse y solidificarse para que esa relación sea estable y próspera. Estos niveles de peticiones pueden producir límites saludables y, a veces, llenar deseos ocultos. ¿Por qué son importantes? Los límites son muros que mantienen tu matrimonio a salvo por dentro y lo protegen de lo que podría destruirlo desde fuera. Los deseos hacen que tu matrimonio sea agradable e incluso emocionante para el otro, tal y como Dios pretendía. A lo largo del matrimonio, los cónyuges pueden haber hablado casualmente de los límites y los deseos, pero escribirlos genera un plan de acción específico que puede establecer un nuevo tono y una nueva dirección emocionante.

El matrimonio en Cristo es más que un contrato entre dos partes; es una relación de pacto. Un contrato es ejecutable por la ley en la tierra, pero un acuerdo de alianza matrimonial hecho ante Dios, como puedes imaginar, tiene un peso mucho mayor. No se trata de una mera relación que satisface las necesidades de ganancia, sino de una en la que cada miembro de la pareja busca satisfacer al otro razonablemente. El objetivo del matrimonio en Cristo es el crecimiento y la gratitud en honor de Aquel que lo unió en última instancia.

Como Cristo es el centro de nuestro matrimonio, necesitamos su gracia para lograrlo. Nuestra vida cotidiana con los hijos y el trabajo puede distraernos tan fácilmente de nuestra misión colectiva y de la salud de nuestro matrimonio (1 Corintios 7:35, Hebreos 13:4). El matrimonio es la relación más importante después de la relación personal con Cristo. Debe ser priorizado y aclarado que no deja espacio para que el enemigo irrumpa y comience a robar, matar y destruir uno de nuestros mayores regalos.

A continuación hay un ejercicio que creo que puede ser muy efectivo para definir los límites y los deseos en tu matrimonio, como personalmente funciona en el mío. Esta actividad ayuda a conectar con los aspectos realistas no negociables más críticos, las necesidades y las preferencias que a veces pueden ser suprimidas y no satisfechas en un matrimonio. Y cuando las condiciones no se cumplen, pueden producirse resultados adversos -y a largo plazo, trágicos-. Ayudará a definir dónde es necesario trazar líneas y a acceder a los anhelos de cada cónyuge o a recordárselos

mutuamente. En consecuencia, cuando escriban sus no negociables, necesidades y preferencias, sugiero que lo hagan desde una perspectiva positiva y que realicen este ejercicio cuando ambas partes estén abiertas, dispuestas y entusiasmadas por crecer y lograr el mejor matrimonio. Si este ejercicio lleva a la tensión, hostilidad, o defensiva, toma un descanso, ora por la guía de Dios, y lee las escrituras listadas al principio de esta sección para ganar perspectiva en el matrimonio.

Al completar este ejercicio, recuerda que ninguno de los cónyuges es perfecto. Se necesita tiempo para adaptarse a las nuevas peticiones, especialmente si han estado casados durante algún tiempo. Además, lo más probable es que los límites o deseos poco realistas sean recibidos y respondidos como poco razonables. El objetivo es ser lo mejor para el otro unidos en Él. Incluso con pequeñas acciones tomadas a causa de este ejercicio, los cónyuges pueden empezar a sentirse más seguros y satisfechos al estar unidos, quizás por primera vez en mucho tiempo.

He incluido algunos ejemplos a continuación con escrituras para construir el matrimonio sobre la Roca que nos sostiene. No es necesario utilizar las escrituras, pero naturalmente, puede ayudar a solidificar sus peticiones no negociables, necesidades y preferencias.

Los 4 aspectos no negociables más importantes

Por favor, escribe tus cuatro no negociables que crean confianza y permiten un matrimonio seguro y estable. Para que tu marido los entienda, por favor, enumera los detalles y un ejemplo para ayudarle a saber cómo cumplirlos de la mejor manera posible. Puedes añadir una escritura, si es necesario, para mantener las peticiones en línea con la Palabra. Abajo hay una tabla vacía para los no negociables de tu esposo si él participa.

Ejemplo: Priorizar la relación | Perseguir a la esposa durante el día | Texto o llamada alentadora | Efesios 5:25, Filipenses 2:3–4

Los 4 aspectos no negociables de la esposa	Específicos	Ejemplos	Escritura

Los 4 aspectos no negociables del esposo	Específicos	Ejemplos	Escritura

Las 4 principales necesidades

Por favor, escribe las cuatro necesidades que producen un matrimonio satisfactorio para ti. Para que tu esposo las entienda, por favor escribe los detalles y un ejemplo para ayudarle a saber cómo satisfacerlas lo mejor posible. Puedes añadir una escritura, si es necesario, para mantener las peticiones en línea con la Palabra. Abajo hay una tabla vacía para las necesidades de tu esposo si decide participar.

Ejemplo: Priorizar la salud | Comer limpio y hacer ejercicio (si es posible) | Activar un plan de nutrición y una rutina de ejercicios (si es posible) esta semana | 1 Corintios 6:19–20, 1 Corintios 7:4, 1 Corintios 10:31, 3 Juan 1:2

Las 4 principales necesidades de la esposa	Específicos	Ejemplos	Escritura

Las 4 principales necesidades del esposo	Específicos	Ejemplos	Escritura

Las 4 principales preferencias

Por favor, escribe las cuatro preferencias que pueden producir un matrimonio emocionante. Para que tu marido las entienda, por favor, enumera los detalles y un ejemplo para ayudarle a saber cómo satisfacerlas de la mejor manera posible. Puedes añadir una escritura, si es necesario, para mantener las peticiones en línea con la Palabra. Abajo hay una tabla vacía para las preferencias de su esposo si él decide participar.

Ejemplo: Interesarse en los pasatiempos o sueños | Apoyar y animar con atención enfocada | Participar (si es posible) una vez al mes | Filipenses 2:4

Las 4 principales preferencias de la esposa	Específicos	Ejemplos	Escritura

Las 4 principales preferencias del marido	Específicos	Ejemplos	Escritura

El papel de la esposa

Una llamada a recordar

A los maridos se les instruye para que amen a sus esposas como Cristo ama a la Iglesia, sacrificándolas, alimentándolas, protegiéndolas y cuidándolas, y mucho más. Sabemos que Dios tiene un diseño y un camino específico para esta obra en nuestros esposos, así que ¿cuál es nuestra parte? A continuación se enumeran algunas acciones prácticas que podemos "recordar" para amar a nuestros esposos y honrar a Dios durante el proceso.

Recuerda a tu novio celestial

"Solo él es mi amado. Él brilla con un esplendor deslumbrante y, sin embargo, es tan accesible, sin igual, ya que está por encima de todos los demás, ondeando su estandarte ante miríadas. La forma en que me guía es divina, su liderazgo es tan puro y digno mientras lleva su corona de oro. Sobre esta corona hay letras de color negro escritas sobre un fondo de gloria". Él ve todo con un entendimiento puro. Qué hermosa es su visión, sin distorsiones. Sus ojos se posan en la plenitud del río de la revelación, que fluye tan limpio y puro. Mirando su rostro gentil, veo tal plenitud de emoción. Como un hermoso jardín donde crecen especias fragantes: ¡qué hombre! Nadie dice palabras tan ungidas como él" (Cantar de los Cantares 5:10–13)

Al pasar por los altibajos del matrimonio, a veces te sentirás insatisfecho y no visto. La realidad es que es normal experimentar necesidades insatisfechas. Algunos días ambos se sentirán en sintonía, mientras que otros días, pueden sentirse tan distantes e incomprendidos que se preguntan por qué están juntos. Es entonces cuando te animo a enviar un "SOS". Este SOS corresponde al Cantar de los Cantares del Antiguo Testamento. Como se ha mencionado anteriormente, se trata del amor de Cristo escrito en una canción o poema para la Novia. Te animo a que leas cada día la biblia hasta que asimiles plenamente la profundidad de Su amor que te llena hasta desbordar.

Recuerda cuando te conociste

"Que tu fuente sea bendecida, y que te regocijes en la esposa de tu juventud". (Proverbios 5:18)

¿Puedo recordarte por un momento cuando conociste a tu esposo? ¿Recuerdas algo que hizo tu marido para llamar tu atención? ¿Fue la forma en que te miró, un regalo que te dio, o una llamada telefónica en particular que compartieron hasta altas horas de la mañana?

Te animo a que retrocedas en el tiempo con tu marido en tu mente. Visualiza uno de los primeros días en los que se estaban conociendo. Recuerda el momento en que pensaste: "Sí, éste es el indicado".

Esto no tiene que llevar mucho tiempo. Creo que una palabra o un lugar te vendrán inmediatamente a la mente. Deja que te recuerde la razón por la que te has casado. También te animo a que, a partir de hoy, elijas verlo así, una y otra vez, todos los días de tu vida. Incluso si las cosas son difíciles o desafiantes, nunca podrán ser robados estos recuerdos. A medida que te ablandes con él, puede que te sorprenda y encuentre el camino de vuelta a ese chico de antes de todas las responsabilidades del matrimonio y los hijos. Deja que sean dos extraños disfrutando de la compañía del otro de nuevo, y deja que Dios te vuelva a conectar para su gloria.

¿? ¿Qué es lo que recuerdas de la cita de Dios para que ustedes dos se encuentren?

Escribe una breve oración agradeciendo a Dios por tu esposo y por la alegría que experimentaste al principio. Pídele que te haga recordar este momento en tu vida diaria en adelante y que refresque tu matrimonio para que sea aún mejor en el futuro de lo que fue inicialmente.

_____

_____

_____

_____

_____

_____

_____

Recuerda que Dios te ha unido

"Por tanto, lo que Dios ha unido, que no lo separe nadie". (Marcos 10:9)

Dios les ha unido a ti y a tu esposo en una sola carne. Honra a Dios recordar que tu unión es un ejemplo de Cristo y la Iglesia. Poner la perspectiva de este reino en primer lugar puede cambiar inmediatamente la mentalidad de tu matrimonio para priorizar Su gloria y honor frente al mundo.

¿? ¿Cuál es la forma en que ambos, como una sola carne, pueden honrar a Dios esta semana a través de su matrimonio?

_____

_____

_____

Recuerda ponerte la armadura completa de Dios

"Por último, quiero recordarles que su fuerza debe provenir del poderoso poder del Señor dentro de ustedes. Poneos toda la armadura de Dios para que podáis estar a salvo de todas las estrategias y artimañas de Satanás. Porque no estamos luchando contra personas de carne y hueso, sino contra personas sin cuerpo: los gobernantes malvados del mundo invisible, esos poderosos seres satánicos y grandes príncipes malvados de las tinieblas que gobiernan este mundo; y contra un gran número de espíritus malvados en el mundo espiritual". (Efesios 6:10–18)

Hay una batalla feroz que libra una guerra contra ti y tu esposo. Como creyente, sé que puedes haber escuchado la escritura anterior muchas veces, lo que hace que sea más natural hojearla. Sin embargo, te desafío a que la leas cuidadosamente y consideres memorizarla, porque la realidad es que el enemigo viene a ustedes sin descanso, y si no estás vigilante y en sintonía con el Espíritu Santo, puede que no reconozcas estas batallas diarias por lo que son y de dónde vienen. El enfoque no debe ser necesariamente la oposición entre un esposo defectuoso y una esposa defectuosa, sino entre nuestro victorioso Señor y las fuerzas del mal que buscan matar, robar y destruir nuestros matrimonios (Juan 10:10).

Recuerda, Jesús está en el centro de tu matrimonio, así que no importa cuán intenso sea el ataque que lleva a las discusiones, incluso cuando ambos pierden el control por completo, Él está en el fuego con ambos, y nada puede tocarlos cuando tienen su armadura puesta. Te animo a que sigas las palabras de Pablo y hables este verso sobre tu matrimonio diariamente. No le des a Satanás ni una pulgada.

Tambien, recuerda que tu esposo esta bajo un ataque continuo porque el es un lider. Nuestra responsabilidad es asociarnos con él, no morder el anzuelo cuando las cosas no salen como queremos. Recuerda que tu fuerza proviene de Su poderoso poder dentro de ti. Entrega tu matrimonio a Dios a través del arma de la oración, y luego descansa en Su perfecto poder.

Recuerda ser positiva

"Por último, creyentes, todo lo que es verdadero, todo lo que es honorable y digno de respeto, todo lo que es justo y confirmado por la palabra de Dios, todo lo que es puro y sano, todo lo que es amable y trae paz, todo lo que es admirable y de buena reputación; si hay alguna excelencia, si hay algo digno de alabanza, piensen continuamente en estas cosas [centren su mente en ellas, e impránterlas en su corazón]". (Filipenses 4:8, AMP)

Importa lo que pensamos. A pesar de lo que podamos sentir, plantar semillas positivas y centrarnos en el bien de nuestro esposo cosechará una cosecha de alegría y agradecimiento. Tómate un minuto y piensa en las posibles maneras en que tu esposo ya está satisfaciendo tus necesidades de acuerdo a cómo Cristo ama a la Iglesia y haz una lista de ellas a continuación. Te animo a que te centres en estos atributos diariamente.

Protección física	Buen oyente	Pacificador
Reflexivo	Proveedor financiero	Leal
Te conoce íntimamente	Animador	Líder

¿Cuáles son uno o dos atributos positivos que has identificado en tu marido?

¿Cómo contribuyen estos atributos a tu bienestar personal y al de tu matrimonio?

Encierra en un **círculo** los pensamientos positivos que puedes empezar a pensar sobre tu marido mientras trabajas para reformular tu matrimonio para que sea un ejemplo santo para el mundo.

"Lo está intentando y nunca será perfecto. Esto es ser humano".	"Entiendo su personalidad y dones únicos. Puede llevar tiempo conocer y conectar con nuestros puntos fuertes y comunes."	"El crecimiento en Cristo lleva tiempo y tendré paciencia en mi marido y en mí misma".	"Está perdonado y tiene una pizarra limpia diariamente como Cristo tiene hacia mí".
"Todavía no conoce mis necesidades tácitas".	"Puede estar atascado, así que rezaré para que tenga la mente de Cristo y para que se vista con toda la armadura de Dios" (Efesios 6).	"Ha demostrado que tiene la capacidad de tomar mejores decisiones. Con Dios por delante, acabará dando la vuelta".	"No está destinado a ocupar el lugar de Jesús en mi vida".
"Está siendo terco, pero entiendo que es difícil cambiar".	"Los hábitos son difíciles de romper para todos".	"Él no sabe lo que está haciendo. Sus acciones, o la falta de ellas, no equivalen a mi valor en Cristo".	"Mis necesidades ya están cubiertas por Cristo primero".

Recuerda perdonar y no guardar rencor

"¡El amor fiel de Yahveh nunca se acaba! Sus misericordias nunca cesan". (Lamentaciones 3:22)

Empieza de nuevo con tu marido cada mañana. Perdona y deja ir el resentimiento que solo puede retenerte a ti y al matrimonio. Ve lo bueno que hay en él y enfócate en eso al avanzar en tu día. A medida que avancen en este estudio, ojalá como pareja, entréguense continuamente a la obra del Espíritu Santo para hacer los cambios que Él les muestre. Ahora que están aprendiendo sobre su identidad real en Cristo y la plenitud del amor de Cristo por ustedes que llena su corazón, es solo cuestión de tiempo antes de que Él trabaje todo para su bien (Romanos 8:28).

Revisa la sección de resentimiento y falta de perdón y repasa la oración si es necesario.

Recuerda estar quieta y callada

"...sino que sea [la belleza interior de] la persona oculta del corazón, con la cualidad imperecedera y el encanto inmarcesible de un espíritu apacible y tranquilo, [uno que es tranquilo y autocontrolado, no excesivamente ansioso, sino sereno y espiritualmente maduro] que es muy precioso a los ojos de Dios". (1 Pedro 3:4, AMP)

Mi marido creció en Alabama y Georgia, donde la personalidad sureña amable, dulce y hospitalaria gotea de casi todos los hombres y mujeres de allí por igual. Por desgracia para él, yo no crecí allí. Durante muchos años traté de imitar su forma de ser y parecerme a él. Funcionó un poco, pero el lado "ardiente" de Dios superaba constantemente mi personalidad. Entonces, un día, me di cuenta de que no iba a ser una belle sureña gentil, sino que soy quien Dios hizo de mí, y eso está más que bien.

Puedo estar quieta y callada a propósito cuando duermo y rezo. Puedo estar quieta y callada cuando estoy en compañía de aquellos que necesitan ser escuchados y atendidos. En otras palabras, tú eres quien eres, y hacer un cambio mental para ser preciosa a los ojos de Dios no es necesariamente cada segundo de cada día, sino, más bien, en los momentos críticos cuando es apropiado.

Del mismo modo, permitir que tu marido hable, dirija o descanse del día requiere que a veces estés quieta, tranquila y callada. Oh, ¡cómo nos adora Dios en estos momentos cuando respetamos y honramos a nuestros maridos y el peso de las responsabilidades de su papel designado como líder de nuestro hogar!

¿? **¿De qué manera puedes estar quieto y callado esta semana?**

Recuerda conocer su tipo de personalidad y sus dones

"Dios nos ha dado a cada uno la capacidad de hacer bien ciertas cosas. Así que si Dios le ha dado la capacidad de profetizar, entonces profetice siempre que pueda, siempre que su fe sea lo suficientemente fuerte como para recibir un mensaje de Dios. Si tu don es el de servir a los demás, sírveles bien. Si eres maestra, haz un buen

trabajo de enseñanza. Si eres una predicadora, procura que tus sermones sean fuertes y útiles. Si Dios te ha dado dinero, sé amable y ayuda a los demás con él. Si Dios te ha dado capacidad administrativa y te ha puesto a cargo del trabajo de otros, toma la responsabilidad con seriedad. Los que ofrecen consuelo a los afligidos deben hacerlo con alegría cristiana". (Romanos 12:6-8)

En la página 154, he sugerido un libro sobre el Eneagrama, un marco de personalidad, que creo que será útil para ayudar a entender a su marido con más claridad, además de los dones espirituales que Dios ha repartido por su cuerpo según su plan. Tu marido es una obra maestra de Su creación a la que Él ama y cuida por igual que a ti. (Salmo 121:5-8, Romanos 2:11, Efesios 2:10).

Entender cómo piensa y actúa tu esposo (que puede ser diferente a ti) es clave para trabajar juntos en nuestras fortalezas y aceptar las debilidades del otro para tener un matrimonio saludable. El matrimonio es una institución para disfrutar, pero también es una herramienta de santificación diaria para transformar a los esposos en Su imagen.

¿Cuál es uno de los dones de tu marido por el que das gracias a Dios?

¿Cuál es una de sus debilidades que necesita que aceptes como parte de la personalidad que Dios le ha dado?

Recuerda que debes respetar su papel de liderazgo y someterte a él

"Del mismo modo, vosotras, esposas, sed sumisas a vuestros maridos [subordinadas, no como inferiores, sino por respeto a las responsabilidades encomendadas a los maridos y a su rendición de cuentas a Dios, y así asociaros con ellos] para que, aunque algunos no obedezcan la palabra [de Dios], puedan ser ganados [a Cristo] sin discusión por la vida piadosa de sus esposas, cuando vean tu comportamiento modesto y respetuoso [junto con tu devoción y aprecio-amar a tu esposo, animarlo, y disfrutarlo como una bendición de Dios]. " (1 Pedro 3:1-2, AMP)

Dios llama al esposo a ser el líder y a la esposa a someterse a su liderazgo como la Iglesia se somete al liderazgo de Cristo. Estas son buenas noticias, esposas. No podemos hacerlo todo, y no fuimos diseñadas para hacerlo todo, a pesar de las actitudes de tomar el mando de algunas de nosotras, si no de la mayoría. Sin embargo, no somos las líderes designadas en nuestros hogares. ¿Somos poderosos y tenemos autoridad en Cristo? Sí. Pero por el bien de dos personas en la casa, solo puede haber un líder; de lo contrario, terminamos yendo de frente y enfrentándonos innecesariamente.

Por ejemplo, la vida de un soldado no es menos importante para Dios que la de un general. Cada uno es igual a los ojos de Dios porque ambos son su creación y sus hijos, pero para ganar la batalla, el general es designado al mando para que pueda conducir a su ejército a una victoria de forma segura y eficiente. No todo el mundo puede estar en la posición de un general; de lo contrario, todos competirían por el poder y finalmente perderían sus vidas ante el enemigo.

Esta ha sido la táctica del enemigo desde el principio, cuando convenció a Eva de que podía ser como Dios conociendo el bien y el mal y anulando así su liderazgo con consecuencias catastróficas. Respetemos el papel de liderazgo de nuestros maridos, que han sido designados por Dios mismo, para que podamos vivir la vida abundante aquí y ganar la carrera a casa, al cielo, juntos.

¿? ¿Qué es lo que puedes hacer esta semana para demostrar que entiendes este orden de la creación y que respetas y te sometes al papel de tu marido como líder en tu vida diaria?

Recuerda estar contenta y con clase

"...He aprendido a estar contento sean cuales sean las circunstancias. Sé lo que es tener necesidad y sé tener abundancia. He aprendido el secreto de estar contento en cualquier situación, ya sea que esté bien alimentado o hambriento, que viva en la abundancia o en la carencia. Todo esto lo puedo hacer por medio de Aquel que me da fuerzas". (Filipenses 4:11)

La mayoría de nosotros está luchando de alguna manera, ya sea física, mental o financieramente. Día tras día, el peso de nuestra vida personal puede pesar sobre nosotros. Afortunadamente, tenemos un Dios que quiere cargar con todo. Él tiene un plan y quiere que lo eches todo sobre Él y busques la satisfacción que solo se encuentra en Él (1 Pedro 5:7).

Nuestros maridos son humanos, por lo que nos fallarán continuamente, al igual que nosotras a ellos. En estos momentos, incluso cuando te sientas sola y no escuchada en tu matrimonio, Dios te pide que confíes en Él, acudas a Él y reces por ello. Él murió por ustedes dos, y su voluntad es que tengan paz, alegría y vida abundante juntos (Juan 10:10).

Mientras tanto, trata de no ofender ni de comportarte de manera que se oscurezca tu belleza interior y exterior. Proverbios 11:22 dice: "Como anillo de oro en el hocico de un cerdo es la mujer hermosa que no muestra discreción" (RVR). Y Proverbios 21:9 dice: "Más vale vivir en un rincón del tejado que compartir la casa con una esposa pendenciera". (RVR). Estas escrituras nos ayudan a recordar nuestra condición de realeza y a mantener la clase, lo que en última instancia puede atraer a tu marido hacia Dios a través de tus acciones sutiles y llenas de gracia (1 Pedro 3:1).

¿Qué circunstancia necesitas echar sobre Jesús esta semana?

¿Cuál es un área práctica en la que necesitas estar contento esta semana?

_____

_____

_____

_____

Recuerda que el cuerpo de él es de ella, y el de ella es de él

"La mujer no tiene autoridad sobre su propio cuerpo, sino que lo cede a su marido. Del mismo modo, el marido no tiene autoridad sobre su propio cuerpo, sino que lo cede a su mujer". (1 Corintios 7:4)

La mayoría de los esposos y esposas clasificarían la intimidad física como una necesidad alta en un matrimonio, si no la más alta. Estoy segura de que al rellenar los aspectos no negociables, las necesidades y las preferencias individualmente o en conjunto en este estudio, este tema surgirá, como debe ser. Dios creó el matrimonio para ser compartido en todos los sentidos. El matrimonio es un vínculo sagrado que no solo es espiritual sino también sexual.

Se nos advierte en el versículo que sigue al anterior que Satanás puede tentar al esposo o a la esposa mediante la falta de intimidad física entre ellos (1 Corintios 7:5). Se habla de la privación durante la oración por un tiempo, pero luego, debido a la falta de autocontrol del esposo o la esposa, deben continuar conectándose desde el punto de vista físico de manera consistente y regular a través del consentimiento mutuo.

No estoy sugiriendo que esto sea algo fácil de hacer, y creo plenamente que la intimidad física puede faltar, particularmente cuando otras áreas de la intimidad, como la espiritual y la emocional, están sufriendo. Pero creo que es un área que Dios aborda en su Palabra porque es un tema que preocupa a muchas parejas. Si este tema es delicado y provoca conflictos entre tú y tu marido, quiero animarte y hacerte saber que no estás sola. Hay muchas parejas en la misma situación, ¡y hay esperanza! Dios está a favor de ambos, no en contra (1 Pedro 5:6–7).

Por favor considera comprar un libro cristiano sobre este tema, hablar con un consejero cristiano profesional en esta área de experiencia, o un médico natural o un médico para llegar a soluciones lo más rápido posible debido a las tácticas del enemigo para usar esta área como una cuña entre ustedes. Puede sentirse incómodo al hacerlo, pero te animo a no ignorar esta área vital del matrimonio. Toda la meta del matrimonio en la tierra es prosperar en todas las áreas y reflejar el profundo amor e intimidad entre Cristo y Su Iglesia. No permitas que Satanás mate, robe y destruya lo que Dios ha unido como una sola carne, tanto literal como espiritualmente (Juan 10:10, Marcos 10:9, Mateo 19:6).

¿? ¿De qué manera o en qué situaciones es difícil este tema para ti y tu marido?

Elige un día de esta semana para hablar del estado de tu intimidad física con tu marido. ¿Qué sugerencias tienes para priorizar el sexo para la vitalidad y el vínculo espiritual de tu matrimonio?

Recuerda darle tiempo, gracia y espacio

"Comportaros con toda humildad, mansedumbre y paciencia. Acéptense mutuamente con amor, y esfuércense por conservar la unidad del Espíritu con la paz que los une". *(Efesios 4:2–3)*

Nacimos individualmente con los deseos y sueños de Dios en nuestro corazón (Salmo 37:4). Cuando nos deleitamos en Él, se hacen realidad, pero solo cuando dedicamos tiempo a cultivarlos por nuestra cuenta. Las mujeres pueden apegarse a sus esposos en formas que conducen a la codependencia en lugar de la dependencia de Dios. Cuando tenemos nuestras propias vidas y dejamos espacio y tiempo para nosotras mismas y para nuestros maridos, que también tienen sus deseos y sueños, se crea la libertad para que cualquiera de las partes sea ella misma. Creo que en un matrimonio, tenemos una vocación real como testigos ante el mundo de Cristo y su Iglesia y como embajadores reales individuales de Cristo con aficiones e intereses diferentes y únicos que no siempre se comparten. Un matrimonio sano acepta y anima al otro en sus aficiones bajo la bandera de la libertad y la paz que nos mantiene unidos.

¿Qué afición o interés es solo tuyo?

¿Cuál es un pasatiempo o interés que es solo de tu esposo?

¿Qué te impide dar a tu cónyuge tiempo, espacio y gracia?

¿Cómo puedes ofrecer a tu cónyuge tiempo, espacio y gracia para disfrutar de una de sus aficiones esta semana?

Acuérdate de rezar y descansar

"Reza todo el tiempo. Pídele a Dios cualquier cosa que esté en consonancia con los deseos del Espíritu Santo. Suplícale, recordándole tus necesidades, y sigue orando fervientemente por todos los cristianos en todo el mundo". (Efesios 6:18)

La oración y el descanso son esenciales para el camino cristiano. El mundo es duro y cada vez más oscuro (1 Juan 2:17). Nuestros hermanos y hermanas de todo el mundo necesitan que oremos por ellos, y no podemos hacerlo en vacío. Lo mismo ocurre con nuestros esposos. Necesitan que recemos por ellos a diario y que tengan hogares tranquilos para prosperar. Podemos apoyarles aún más preguntándoles precisamente por qué deben rezar. Esto te ayudará a entender sus preocupaciones más profundas y a ser un vehículo para llevarlas al trono de la gracia con valentía.

Escribe a continuación una pequeña oración por tu esposo, y descansa en la gracia de Dios esta semana. Además, elige un día de esta semana para relajarte y recargarte físicamente para tu matrimonio.

Recuerda hacer ejercicio y comer saludable

"Así que, ya sea que comas o bebas o hagas cualquier cosa, hazlo todo para la gloria de Dios". (1 Corintios 10:31)

Nuestro templo es un organismo vivo que necesita alimentos limpios y movimiento. Es vital llenar nuestro cuerpo con alimentos que proporcionen una nutrición de alta calidad para mejorar el corazón, el cerebro y los sistemas del cuerpo. Del mismo modo, el movimiento físico aumenta la fuerza y la resistencia muscular, lo que nos permite servirle mejor. Nuestra vida espiritual, mental y física trabaja en conjunto para Su gloria y nuestro bien, especialmente para nuestro matrimonio. El matrimonio es la relación que toca las tres áreas de manera aguda. Cuando una está desequilibrada, todas están desequilibradas, como un taburete de tres patas, y el matrimonio es inestable, y algo parece estar "apagado". Aunque lo más importante es lo espiritual, nuestros pensamientos y nuestro cuerpo físico también lo son. Nuestros cerebros funcionan mejor con alimentos limpios y ricos en vitaminas y minerales, que conducen a un pensamiento claro y a un mejor estado de ánimo. El movimiento, ya sea intenso o mínimo, es el diseño de Dios que conduce a la fuerza y la flexibilidad. Una salud vibrante debería ser el objetivo de ambos, marido y mujer, para Dios y para el otro.

¿Qué estás dispuesta a añadir o suprimir de tu régimen diario para aumentar el físico para Su gloria y tu bien colectivo?

Añadir	Suprimir
	.

¿Cuál es el plan de nutrición y ejercicio que estás dispuesta a comenzar (si no lo has hecho ya) para tu salud y vitalidad (y, por consiguiente, para tu matrimonio)?

¿Qué pasa si él no lo intenta?

Solo cree y reza

Si los maridos leen este libro, muchos se evaluarán rápidamente y recibirán con alegría el cambio hacia un papel bíblico más afinado. Otros maridos leerán este libro, estarán de acuerdo, entenderán lo que está escrito en las escrituras como conocimiento de la cabeza, e intentarán cambiar, pero tropezarán en el camino de cambiar desde el corazón. Ellos harán los ejercicios, orarán, y buscarán alinearse con la Palabra en el rol de cabeza, pero encontrarán que se combate contra sus hábitos y deseos. Esto es *normal*, y debemos, como esposas, comprometernos a permanecer en la verdad escrita en las escrituras y orar por ellos. Debes saber que tú y tu matrimonio son del Señor, y que la victoria es de Él. Ofrece gracia y misericordia mientras esperas que Él haga lo que solo Él puede hacer.

Tu esposo puede no encajar en ninguna de esas categorías y puede estar entre los que cuestionan y repelen esta información, ya que ven esto como algo nuevo y desafiante de asimilar. A pesar de ser bíblico, los hábitos y mentalidades formados durante años de estar casados o lo que han aprendido sobre el matrimonio en el mundo (e incluso en el púlpito) crearán tensiones y desafíos. Y yo sugeriría que esperes que tu esposo, en cualquier etapa en la que se encuentre, se resista a la verdad y a la necesidad de este material hasta cierto punto.

Algunos pueden incluso atrincherarse en algún momento, negándose a aceptar su papel real de amarte como Cristo ama a la Iglesia porque el enemigo está constantemente trabajando para dañar nuestros matrimonios.

Recuerda que la esencia de este libro requerirá un cambio de corazón y de acción. Puede proporcionar cambios rápidos y ponerlos a ambos en un curso que no han tenido en años, pero también puede ser un proceso de renovación lento y constante. Dios siempre está presente y es más que capaz y está dispuesto a ayudarlos a ambos. Nunca abandonen lo que Dios unió, sino que actúen con paciencia el uno con el otro y con la esperanza de un matrimonio construido por Dios (Hebreos 12:1–3, 1 Corintios 9:24–27).

Afortunadamente, nuestra responsabilidad en las relaciones es aceptar el derecho de cada uno a elegir y el libre albedrío que Dios le ha dado. Nuestro compromiso no es forzar a nadie a cambiar, sino mantenernos en la verdad en amor y operar en un gozo continuo, sabiendo que Dios lo ve todo y está a favor de ti y de tu matrimonio. Sigue orando y descansando en Sus promesas y cree en Su poder para arreglar todo. Las oraciones de los justos pueden mover montañas (Santiago 5:16, Mateo 17:20). Si tu esposo no está dispuesto, te sugiero que te reúnas en oración con una(s) hermana(s) de confianza en Cristo y que creas que todo es posible con Dios.

Una advertencia

La lenta y sutil táctica de separación del enemigo

Cuando comencé a escribir este libro, el Señor me reveló muchos aspectos del ciclo de vida de un matrimonio, incluyendo lo bueno, lo malo y lo feo. Una de las partes más dolorosas de muchos matrimonios es el lento y constante alejamiento del cónyuge. Esta separación no tiene por qué llevar al divorcio, pero puede manifestarse en el día a día de una convivencia estancada o sin vida en el hogar.

Parece que después de que el compromiso, los votos y la luna de miel han terminado, y la vida matrimonial comienza, surgen sutiles desafíos. Al principio, el enemigo empieza a distraer al otro, poco a poco, para centrarse y dar prioridad a las necesidades de la vida en lugar de a Él y al otro. Como un gas invisible, el enemigo abre lentamente la boquilla del miedo y la orientación hacia uno mismo para comenzar el proceso de ahogar la relación.

Un abismo comienza a formarse y luego se profundiza bajo las presiones del trabajo y la familia. Los desacuerdos conducen a discusiones y tal vez a arrebatos. Si nuestras diferencias, que son por diseño, no son vistas, anticipadas y manejadas como parte del proceso de santificación de Cristo, lo que antes eran dos personas que no podían soportar estar separadas, se ven como distantes y difíciles.

En sus funciones de liderazgo designadas por Dios, el enemigo ataca a los maridos con especial dureza. Las mentiras de no poder proveer adecuadamente a sus familias, la pérdida de autonomía bajo el peso de las responsabilidades familiares en el hogar y los problemas de la familia extendida son solo algunos ejemplos de las estrategias que llevan a la discordia entre los esposos.

Bajo esta intensa presión y este nuevo papel, el romance y el cariño pasan a un segundo plano. Las esposas ya no son prioritarias ni están apartadas en la mente del marido. Las llamadas y los mensajes de texto del trabajo, que son muy intensos, pierden intensidad y volumen. Las caras de excitación cuando entran por la puerta por la noche pueden convertirse en miradas de desinterés. El agotamiento se impone bajo el peso de las interminables responsabilidades, lo que hace que las conversaciones profundas y la intimidad física regular pasen a ser las últimas de la lista.

El tiempo cara a cara disminuye por miedo a más desacuerdos, molestias o bromas demasiado emocionales. El silencio conduce a un dolor interno en ambas partes, y eventualmente, otras formas de placer comienzan a formarse, como la sobreindulgencia en la comida, los pasatiempos, las novelas románticas y el trabajo.

He reunido oraciones bíblicas para que tanto los esposos como las esposas las lean diariamente hasta que la mente y el corazón estén alineados con Su Palabra para luchar esta batalla de frente (Efesios 5, 1 Pedro 3 AMP). Recuerda que Él creó la cercanía marital, el romance, la aventura y la risa. Él es amor, y todos los elementos del amor dentro de la más íntima de las relaciones se encuentran en Él y se actúan a través de nosotros en el matrimonio como Cristo ama a la Iglesia. Nunca se pretendió que cesara o se ahogara, sino que se intensificara con el tiempo. Sin embargo, esto solo puede ocurrir cuando permanecemos en Él y nos hacemos obedientes a las Escrituras. Esto te ayudará, como mínimo, a mantenerte firme y evitar el desmantelamiento de lo que Dios ha unido.

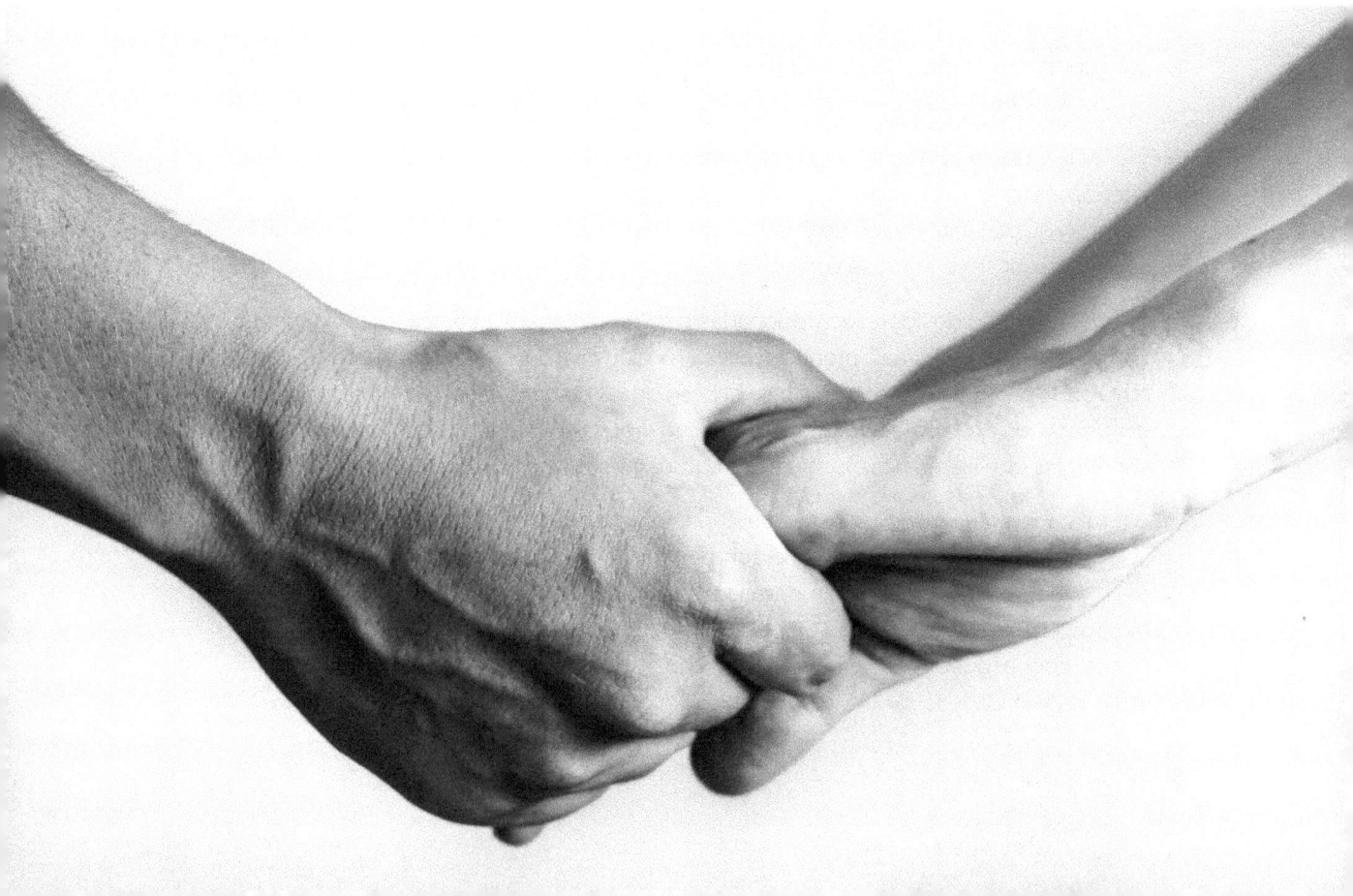

Te animo a que des un paso atrás, evalúes tu matrimonio y vuelvas a reconocer a tu cónyuge a través de este libro. La sola lectura de las escrituras puede iniciar el proceso. El matrimonio abundante y pleno en Cristo está ante ustedes y al alcance de la mano. Agarraos a Su Palabra y el uno al otro por la vida y empezad a derrotar al enemigo hoy mismo.

Oración diaria para tu matrimonio

Oración de la esposa

Amado Señor,

Como está escrito, _____ (rellena el nombre completo de tu marido) me ama como Cristo ama a la Iglesia y se entregó por ella. Él busca diariamente mi mayor bien, rodeándome de un amor cariñoso y desinteresado. Cada día me guía, persigue y habita conmigo con comprensión. Comprende plenamente que soy un don que Dios le ha dado y que nos hemos unido para su gloria y nuestro bien. Me pone en primer lugar por encima de todas las cosas, excepto de su relación con Jesús. Me nutre, protege y cuida espiritual, mental y físicamente como su esposa otorgada, iy nuestra juventud se renueva como las águilas que se elevan (Salmo 103:5)! Me siento muy atraída por él en todos los sentidos. Me respeta y honra como heredera de Dios, coheredera de Cristo y embajadora de Cristo en el Reino de Dios. Él entiende que somos iguales a los ojos de Dios y que tenemos una misión para Dios establecida desde antes de la fundación del mundo, tanto individual como colectivamente. En el nombre de Jesús, amén.

Oración del esposo

Amado Señor,

Como está escrito, _____ (escribe el nombre de tu esposa) honra y respeta mi posición de liderazgo entre nosotros y en nuestro hogar designada por Dios mismo. Ella entiende plenamente que he sido favorecido a los ojos de Dios y que se le ha dado como un regalo para alimentar, cuidar y proteger para su gloria y mi bien. Ella me ama con todo su corazón desbordante en Cristo y es sumisa en las decisiones que tomo debido a nuestras discusiones completas, la oración y la alineación de la Palabra de Dios. Ella tiene un espíritu tranquilo y gentil y está en paz cuando deseo entenderla lo mejor posible, y nada obstaculiza mis oraciones. Hago un esfuerzo consciente para priorizarla y velar por ella espiritual, mental y físicamente. Su pureza y reverencia son sorprendentemente hermosas a los ojos de Dios, que solo aumentan con el tiempo, y nuestra juventud se renueva como las águilas que se elevan (Salmo 103:5). Me siento muy atraído por ella en todos los sentidos. Ella es la esposa de mis sueños, y espero estar con ella todos los días. Nuestros cuerpos son el uno para el otro, y nos reunimos regularmente para permanecer como uno y en defensa contra las estrategias del enemigo. Ella es una mujer segura y confiada que confía diariamente en el Señor y en mi liderazgo. Somos alegres y reímos en el Señor y damos ejemplo a los demás de la perfecta unión entre Cristo y su Iglesia. En el nombre de Jesús, Amén.

Una relación desde el corazón

También es lo que quiere Cristo

El Padre en el Antiguo Testamento y Cristo en el Nuevo Testamento transmiten repetidamente que Él quiere nuestros corazones (ver escrituras más abajo). Él no quiere robots autosuficientes; quiere que elijamos y nos apoyemos en Él y en su Palabra por encima de nuestras voluntades de corazón. Él quiere nuestra cercanía y una relación sincera y transparente que sea nuestra prioridad diaria.

El corazón es considerado el centro de nuestro ser. Sabemos que es el órgano vital que bombea la vida a través de nuestros cuerpos físicos, pero nuestro corazón espiritual es el "órgano" de nuestra vida eterna. El corazón se menciona aproximadamente 800 veces en las escrituras, con muy poco sobre nuestro corazón físico. El corazón en las escrituras se enfoca principalmente en el centro del verdadero amor. Jesús dice que ames al Señor tu Dios con todo tu corazón (Mateo 22:37). Este es el lugar desde el que amamos, por lo que debemos asegurarnos de que nuestro corazón es el suyo (Salmo 139:23).

Jesús dice que del corazón habla la boca y que el hombre se define no por lo que entra en su boca sino por lo que sale de ella (Lucas 6:45, Mateo 15:11). Controla cómo pensamos, sentimos, hablamos y, por lo tanto, nos comportamos.

(Esta sección es principalmente para los esposos)

De la misma manera, un esposo debe querer buscar una relación con su esposa desde el desborde de su corazón, completo en Cristo. Como Cristo y el Padre son uno, tú y tu esposa son una sola carne (Juan 17). Tu esposa quiere que la elijas a ella por encima de todo lo demás con sacrificio y alegría. Ella quiere que su amor y atención fluyan como un río caudaloso. Día tras día, deben esforzarse por tener una relación estrecha llena de pasión y cariño que solo ustedes dos comparten. Incluso en presencia del otro, es una cercanía tácita y un deseo de estar juntos en el que ves y valoras el don de tu esposa otorgado por Dios mismo. Debes estar en constante asombro por el don que ella es en Cristo.

Tu esposa tiene un sentido agudo de si ella es una prioridad. Para tener este tipo de relación con las esposas, debe ser fomentada por una relación saludable entre tú y Cristo primero. Si tu deseo sincero como esposo cristiano es tener una vida abundante (incluyendo tu matrimonio), debes estar unido a la Vid (Juan 10:10, Juan 15:1–4). Ante todo, los esposos no pueden hacer nada aparte de esta relación; de lo contrario, el matrimonio se estancará o incluso será infeliz sin el desarrollo continuo de nuestra relación con Cristo.

A continuación hay algunas escrituras que hablan de que el Padre y Cristo quieren tu corazón como tu esposa quiere el tuyo desde el desborde en Cristo.

"Hijo mío, dame tu corazón y que tus ojos se deleiten en mis caminos". (Proverbios 23:2, AMP)

"Confiad [confiadamente] en Él en todo momento, oh pueblo; Derramad vuestro corazón ante Él. Dios es un refugio para nosotros. Selah". (Salmo 62:8, AMP)

"Mi corazón se alegra y triunfa en el Señor..." (1 Samuel 2:1, AMP)

"Y ahora, oh Israel, ¿qué te pide el Señor, tu Dios, sino que temas al Señor, tu Dios, andando en todos sus caminos, que lo ames, que sirvas al Señor, tu Dios, con todo tu corazón y con toda tu alma?" (Deuteronomio 10:12)

"Porque el Señor no ve como ve el hombre; porque el hombre mira la apariencia exterior, pero el Señor mira el corazón". (1 Samuel 16:7b, AMP)

"Maestro, ¿cuál es el mayor de los mandamientos de la Ley? Jesús declaró: "Ama al Señor tu Dios con todo tu corazón, con toda tu alma y con toda tu mente". Este es el primer y más grande mandamiento". (Mateo 22:36–37)

"...sino que sea [la belleza interior de] la persona oculta del corazón..." (1 Pedro 3:4, AMP)

"Cuando llegó y vio la gracia de Dios [concedida a ellos], se alegró y comenzó a animar a todos con un corazón inquebrantable para que permanecieran fieles y devotos al Señor. Porque Bernabé era un hombre bueno [en privado y en público; su carácter piadoso le beneficiaba a él y a los demás] y estaba lleno del Espíritu Santo y de fe [en Jesús el Mesías, por quien los creyentes tienen vida eterna]. Y un gran número de personas fueron llevadas al Señor". (Hechos 11:24, AMP)

"Ponme a prueba, Señor, e interrógame. Pon a prueba mis motivos y mi corazón". (Salmo 26:2)

"Acaba con la maldad de los malvados, pero confirma a los justos, oh Dios justo que escudriña los corazones y la mente". (Salmo 7:9)

"Escudríñame, Dios, y conoce mi corazón, pruébame y conoce mis pensamientos ansiosos. Fíjate si hay en mí algún camino de perversión, y guíame por el camino eterno". (Salmo 139: 23–24)

¿? ¿Qué se siente al ser amado por Cristo con su amor completo?

¿Cómo se ve exteriormente el expresar este verdadero amor que fluye de tu corazón a tu esposa?

Un Esposo Cristiano de Excelencia

Disfrutando de tu esposa

"Vive alegremente con la esposa que amas todos los días de tu fugaz vida que te ha dado bajo el sol: todos los días de vanidad y futilidad. Porque esta es tu recompensa en la vida y en tu trabajo en el que te has esforzado bajo el sol". Eclesiastés 9:9, AMP

La meta de todo esposo cristiano debe ser honrar a Dios y ser un hombre de excelencia como su representante y para su amada, sin importar el tiempo que lleven casados.

Las siguientes son diez señales de un esposo cristiano de excelencia que, comparadas con el corazón completo de Cristo enumerado en la Sección 2, pueden ser útiles para saber prácticamente cómo se ve el reflejo de Cristo diariamente. Al comenzar, recuerda que el mandato de Dios es que el esposo ame y disfrute a su esposa como Cristo ama a la Iglesia (Eclesiastés 9:9, Proverbios 19:14, 1 Timoteo 4

3). La lista que sigue es solo un comienzo para entender cuán profundo y amplio es Su amor por la Esposa. Un esposo en Cristo no es perfecto, pero la lista que sigue muestra cómo los esposos deben considerar reflejar Su amor por sus esposas.

1. Disfruta de su presencia | El amor eterno de Cristo

Cristo disfruta de nuestra presencia continua. Él es el gran YO SOY en medio de nosotros, lleno de abundante amor y alegría (Sofonías 3:17). Del mismo modo, un marido cristiano de excelencia disfrutará de la compañía de su esposa. Ya sea en una aventura o en habitaciones separadas a solas en casa, una conexión casi magnética atrae a marido y mujer como la que experimentamos con Cristo. Como Cristo, su presencia es tranquilizadora y atractiva. Es paciente y opta por orar y echar sus preocupaciones a Dios, permitiendo un espacio de paz y un tiempo atento con su esposa.

2. Disfruta animándola | El amor que guía Cristo

El liderazgo de Cristo a través de la morada del Espíritu Santo nos guía y nos ayuda a convertirnos en todo lo que estamos destinados a ser en nuestro viaje de santificación hacia la semejanza de Cristo. De la misma manera, un esposo de excelencia en Cristo debe buscar guiar, nutrir y animar a su esposa diariamente hacia lo que ella es en Cristo. Su esposa se sentirá amada y agradecida por su cuidado y esfuerzo enfocado cuando él lo hace. Un esposo cristiano busca y ayuda a hacer crecer los deseos del corazón de su esposa, deleitándose en los planes y propósitos de Dios que actúan a través de ella.

3. Disfruta riendo con ella | El amor apasionado de Cristo

El sentido del humor aligera el corazón. La Palabra de Dios dice que la alegría del Señor es nuestra fuerza (Nehemías 8:10). Del mismo modo, los esposos cristianos de excelencia serán serios a veces, pero también estarán llenos de alegría y risa. Conocen sus efectos medicinales en la mente, el cuerpo y el alma, no solo para ellos sino también para sus esposas (Proverbios 17:22). Ser distante, desinteresado o frío se separa mientras se cree en la promesa de la vida abundante y se tiene una perspectiva eterna de la alegría que tenemos por delante en el cielo, lo que traerá la unidad. ¡Cristo mismo creó el humor (Génesis 21:6)! Aprovechar la alegría del Espíritu Santo hace que surja lo mejor de cada uno, y que disfrutemos de la compañía del otro. La risa enriquece tu matrimonio y refleja la gran alegría de Cristo con nosotros (1 Crónicas 16:26–27, Lucas 10:21).

4. Disfruta siendo su protector | El amor protector de Cristo

Cristo es fiel y está en guardia contra el maligno (2 Tesalonicenses 3:3). Del mismo modo, un marido cristiano de excelencia se preocupa por la seguridad y el bienestar de su esposa. Vela por su seguridad física y su salud espiritual, mental y emocional. Comprende plenamente que ella es su mayor tesoro y le da prioridad (Proverbios 18:22). Asegurarse de que su teléfono esté cargado y cerca si ella llama, o defenderla con calma y amor contra aquellos que pueden ser poco amables, son solo dos ejemplos de un hombre en modo de protección. Dios manda a los esposos a estar continuamente en la Palabra y a orar intencionalmente por Sus directivas para levantar la espada del Espíritu contra los ataques espirituales y mentales del enemigo contra su esposa y toda la familia.

5. Disfruta enfocándose en ella | El amor comprensivo de Cristo

Cuando un marido cristiano de excelencia tiene un oído abierto y mira a la esposa a los ojos cuando habla, puede ayudar mucho a que ella se sienta priorizada y comprendida. Al igual que la disposición de Cristo a escuchar nuestras oraciones día y noche, él escucha y puede repetir lo que oye sin tratar de resolver el problema primero, a menos que se trate de un asunto crítico y sensible al tiempo. En lugar de ello, indaga en su corazón y en su mente para captar los significados ocultos. Incluso en el ajetreo de la vida, se detiene para centrarse en sus necesidades y preocupaciones, lo que puede resolver los problemas más rápidamente. (ver preguntas de "Una cosa")

6. Disfruta dejando todo por ella | El amor sacrificado de Cristo

No importa lo que esté sucediendo durante el día o la presión a la que esté sometido un esposo cristiano de excelencia, cuando es necesario, encuentra la manera de dejar de lado su agenda para apoyar a su esposa en situaciones difíciles. Ella es su prioridad. Cristo entregó su vida sin una palabra y sin ser comprendido. Está a nuestro lado y nos dice que dejemos nuestras preocupaciones y que sepamos que Él lo ve todo. Del mismo modo, dejará todo en los momentos difíciles de la vida y estará allí de todo corazón, señalándole a ella que tiene el control total.

7. Disfruta solo de ella | El amor leal de Cristo

Cristo es leal a nosotros, y nunca nos dejará ni nos abandonará (Hebreos 13:5). De la misma manera, un esposo cristiano de excelencia se mantiene fiel y verdadero a su amada esposa y será honrado y bendecido por Dios (Proverbios 6:32, Hebreos 13:4). Su firmeza y estabilidad son una roca, como Cristo para su esposa, como ejemplo para el mundo de Aquel que nos fue fiel hasta el final.

8. Disfruta creciendo con ella | El amor purificador de Cristo

Un esposo cristiano de excelencia conoce la estrategia del enemigo de mantenerlo a él y a su esposa en el torbellino de la condenación (Romanos 8:1). Sabe que sus errores y faltas del pasado, donde la culpa y la vergüenza supuran, pueden convertirse en una herida venenosa que nunca sana. Se convierte en una lesión de dolor persistente de bajo nivel que agrava e infecta el matrimonio. Así, señala a su esposa el poder limpiador de la Cruz. Él admite de buen grado sus fallos y busca el perdón, y a su vez, ella también lo hace. La falta de perdón y el resentimiento nunca echan raíces en el matrimonio que vive bajo la libertad de la Cruz. El sacrificio de la sangre de Cristo es más que suficiente para purgar y limpiar las heridas del otro, permitiendo un amor, un crecimiento y una alegría exponenciales en la relación.

9. Él disfruta cuando ella es el centro de atención | El amor acariciador de Cristo

Al igual que Cristo, un marido cristiano de excelencia conoce los caminos de su esposa (Salmo 139:3). La vigila. Discierne su salida y su entrada. Sabe cuándo se acuesta y cuándo se despierta. Aprecia su vida y trata de entenderla lo mejor posible (1 Pedro 3:7). Admira la creación femenina de Dios, hecha a su imagen y semejanza, y la considera inestimable. Sus gustos y disgustos son tan importantes para él como los suyos propios en una sola carne. Al igual que Cristo, va delante y detrás de ella para perseguirla y protegerla con el más profundo amor, buscando siempre la manera de hacerla brillar en privado y en público, al igual que Cristo hace con su Iglesia.

10. Disfruta de ser una sola carne con ella | El amor agraciado de Cristo

Aun siendo pecadores, Cristo murió por nosotros (Romanos 5:8). Su gracia inmerecida nos hizo hijos de Dios y coherederos con Cristo para siempre. Del mismo modo, los esposos cristianos de excelencia saben que somos uno en Cristo Jesús y que tenemos una misión como embajadores suyos individualmente y como una sola carne en el matrimonio (Gálatas 3:28). Su gracia nos permite el privilegio de una vida abundante juntos, reflejando el gozo que Jesús tiene por su Novia (Cantar de los Cantares TPT, Juan 10:10, Efesios 5).

Estabilidad financiera

Alineación y bendiciones

No hay duda de que el estrés financiero puede ser una de las principales áreas de tensión en los matrimonios. Puede llevar al resentimiento si no se discute y se pone en marcha una estrategia piadosa. Esposos y esposas deben acordar y actuar sobre un plan financiero que se alinee con Su Palabra y que Dios promete que producirá bendiciones.

Aprende del mejor

El pastor Robert Morris de la Iglesia Gateway en Texas tiene varios libros que nos enseñan de quién es el dinero y el verdadero propósito del dinero en el mundo. Incluso si estás alineado en esta área, considereacomprarlos hoy para poner el tema del dinero a la luz de Dios para tu matrimonio en futuras discusiones o desafíos sobre el dinero.

- **Más allá de la bendición:** El plan perfecto de Dios para superar todo el estrés financiero, 2019
- **La vida bendecida:** Desbloqueando las recompensas de la vida generosa, 2016

No le debas a nadie nada más que amor

La deuda es una herramienta peligrosa contra los hijos de Dios. Aprenda a evitarla lo más posible y a pagarla lo más rápido posible si no se puede evitar. (Romanos 13:8)

Invertir sabiamente

Contratar a un asesor o planificador financiero cristiano puede ayudar a colocar el dinero en las cuentas de inversión adecuadas. Además, los pagos de la casa y del coche, si son inevitables, deben ser realistas y estar dentro de su presupuesto basado en su salario mensual combinado.

Diezmar y hacer ofrendas

El concepto del diezmo (y las ofrendas más allá del diezmo) no es un truco ingenioso creado por la Iglesia para ganar dinero. El dinero es simplemente el espejo de nuestros corazones, y Dios nos pide que le demos prioridad a Él en todo, incluyendo nuestras finanzas. Si realmente ponemos a Dios en primer lugar y tenemos el corazón para ayudar a los menos afortunados que nosotros, nuestras finanzas lo reflejarán. La increíble verdad es que Dios dice que nos bendecirá por encima de lo que demos financieramente y en todas las áreas de la vida (Malaquías 3:10).

Sé una buena administradora

Las mujeres pueden ser las principales compradoras en un matrimonio, pero los hombres también pueden ser compradores importantes. El control de los gastos puede producirse a partir de un cambio de perspectiva espiritual sobre el dinero, seguido de ideas prácticas que alivien a las parejas cada mes. Por ejemplo, puede incluir una mejor comprensión de nuestra identidad como miembros de la familia de Dios y su propósito para nuestro dinero. Y en la práctica, puede implicar tener una tarjeta de débito separada para los gastos, crear un presupuesto o contratar a un planificador financiero para ayudar a planificar y tener paz para el futuro.

Vivir con comprensión

Evitar los conflictos

En la medida de nuestras posibilidades, evitar los conflictos debería ser una prioridad para ambos cónyuges. Por supuesto, nunca podremos evitarlo en nuestro estado carnal caído de vez en cuando. Sin embargo, como líder de nuestros hogares, creo que los esposos pueden evitar más rápidamente los conflictos a través de la obediencia a este mandato: "Hablad con ellas con entendimiento" (1 Pedro 3:7, RVR). Él puede pararse en la puerta del matrimonio y resistir los ataques del enemigo o los ángulos egoístas de cualquiera de las partes, buscando entender primero a su esposa para detener una discusión que se intensifica.

A menos que sea un asunto crítico y sensible al tiempo, las esposas quieren que su líder designado por Dios se sumerja en las capas de lo que están pensando y sintiendo. Lo comparo con un jefe que busca entender primero las acciones de un empleado y luego acuerda resolver un asunto con calma y eficiencia para volver al trabajo. Esto no es una opinión negativa sobre los maridos, porque todos nos inclinamos a gestionar primero la ofensa o la culpa de nuestras palabras antes de considerar la fuente de dolor o confusión que hay debajo de ellas. Simplemente estoy señalando que la admonición de Pedro de comprender a una esposa puede ser un cambio de juego en su matrimonio cristiano. Creo que este simple gesto puede detener casi instantáneamente una discusión en construcción.

Aunque a menudo parece que los hombres solo quieren resolver las situaciones que se presentan y seguir adelante, es posible que no conozcan el valor de hacer una pausa y formular las preguntas correctas antes de contra-comentar. Puede tratarse de una sesión de preguntas y respuestas de 20 minutos o de una explosión de dos horas. El estudio para hombres de esta sección tiene una lista de preguntas de "Una cosa" diseñadas para ayudar a los maridos a profundizar para entender a sus esposas al principio de un desacuerdo. La esposa también puede hacer las mismas preguntas para entender su perspectiva después.

En el calor del momento, puede costar mucho esfuerzo a un marido cambiar de marcha y salirse de la situación para escuchar y tratar de entender el punto de vista de la esposa. Sin embargo, esa acción puede reflejar a Cristo, que escucha continuamente nuestras oraciones y peticiones (Filipenses 4:6, Hebreos 4:15–16). El corazón de una mujer puede romperse en mil pedazos durante una pelea cuando su marido se atrinchera y se centra en sí mismo. Ella desea desesperadamente ser comprendida más allá del nivel superficial del asunto para descubrir las capas más profundas de sus heridas o temores. En la mayoría de los casos, él no sabe lo mucho que ella necesita ser comprendida o no quiere hacer una pausa momentánea y sacrificarse sin una refutación o comentario. Es un cambio genuino en los matrimonios vivir como Cristo ama a la Iglesia (Ver la sección Salir de la Pelea arriba).

Quiero animar a los maridos a que no se desanimen al intentar romper los hábitos y actuar de esta nueva manera. Puede ser un reto, pero poco a poco, cuando una esposa ve que su marido se esfuerza y la prioriza, una y otra vez, el matrimonio puede empezar a tener menos conflictos y dar un giro hacia la salud. Se acabaron los tratamientos silenciosos, los pucheros y las pataletas que pueden llevar a arrebatos o resentimientos. Como Cristo es la cabeza de la Iglesia, los maridos deben considerar entender primero el corazón de su novia para resolver los conflictos de una manera más oportuna y amorosa.

No ser demasiado emocional

Los ejemplos del Padre y de Cristo

A menudo, muchos hombres y la sociedad tachan a las mujeres de ser demasiado emocionales, pero recuerda que las mujeres están hechas a imagen y semejanza de Dios. Sorprendentemente, las emociones intensas de una mujer son reflejadas por Dios mismo. Veamos a continuación algunas escrituras del Antiguo y Nuevo Testamento que muestran las profundas emociones de Dios Padre y de Jesús. Tómate un momento para maravillarte de que estos versículos revelan el carácter y la naturaleza de Dios.

Actividad: Escribe las emociones que Dios pudo haber experimentado en las siguientes escrituras, tales *como preocupado, herido, enojado, ignorado, solitario, furioso, apenado, rechazado, amado, satisfecho, compasivo, alegre, decepcionado, arrepentido, empático, feliz, triste, frustrado, romántico, celoso, embelesado, agradecido, adorador, impaciente, afligido, ansioso y apasionado.*

Las emociones de Dios en las Escrituras

"Así que el SEÑOR se arrepintió de haberlos hecho y de haberlos puesto en la tierra. Se le rompió el corazón. Y el SEÑOR dijo: 'Borraré de la faz de la tierra a esta raza humana que he creado. Sí, y destruiré a todo ser viviente: a todas las personas, a los animales grandes, a los pequeños que corretean por el suelo y hasta a las aves del cielo. Me arrepiento de haberlos creado". (Génesis 6:6–7)

Emociones: _____

"Entonces Noé construyó un altar al SEÑOR. Y tomando de toda clase de animales y aves limpias, ofreció holocaustos sobre el altar. Cuando el SEÑOR olió el agradable aroma, dijo en su corazón: 'Nunca más maldeciré la tierra por causa del hombre, aunque toda inclinación de su corazón sea mala desde su juventud...'" (Génesis 8:20–21)

Emociones: _____

"Id y clamad a los dioses que habéis elegido; que os libren en el tiempo de vuestra tribulación". (Jueces 10:14)

Emociones: _____

"'Me arrepiento de haber hecho rey a Saúl, porque se ha apartado de seguirme y no ha cumplido mis instrucciones'. Y Samuel se angustió y clamó a Yahveh toda aquella noche". (1 Samuel 15:11)

Emociones: _____

"Pero cuando el ángel se preparaba para destruir Jerusalén, el SEÑOR cedió y le dijo al ángel de la muerte: '¡Detente! Es suficiente'. En ese momento el ángel de Yahveh estaba junto a la era de Arauna el jebuseo". (2 Samuel 24:16)

Emociones: _____

"Entonces el SEÑOR me dijo: 'Vuelve a mostrarle amor a tu esposa, aunque ella es amada por otro y es adúltera. Ámala como el Señor ama a los israelitas, aunque se vuelvan a otros dioses y ofrezcan tortas de pasas a los ídolos'". (Oseas 3:1)

Emociones: _____

"Yahveh se levanta para contender; se levanta para juzgar al pueblo. El Señor presenta esta acusación contra los ancianos y los dirigentes de su pueblo: 'Habéis devorado la viña; el botín de los pobres está en vuestras casas. ¿Por qué aplastáis a mi pueblo y machacáis el rostro de los pobres?" (Isaías 3:13–15)

Emociones: _____

"Entonces Ezequías volvió su rostro hacia la pared y oró al SEÑOR, diciendo: 'Por favor, oh SEÑOR, recuerda cómo he andado ante ti fielmente y con devoción de todo corazón; he hecho lo que era bueno a tus ojos.' Y Ezequías lloró amargamente. Y vino la palabra del SEÑOR a Isaías, diciendo: 'Ve y dile a Ezequías que esto es lo que dice el SEÑOR, el Dios de tu padre David: 'He oído tu oración; he visto tus lágrimas'". (Isaías 38:2–4)

Emociones: _____

"...porque desatendiste todo mi consejo, y no quisiste ninguna de mis correcciones, a su vez me burlaré de tu calamidad; me burlaré cuando el terror te golpee..." (Proverbios 1:26)

Emociones: _____

"Has capturado mi corazón, hermana mía, mi novia; has robado mi corazón con una mirada de tus ojos, con una joya de tu cuello. Qué hermoso es tu amor, hermana mía, esposa mía! ¡Cuánto mejor es tu amor que el vino! y el olor de tus ungüentos que todas las especias!" (Cantar de los Cantares 4:9–11)

Emociones: _____

"Y una voz del cielo dijo: 'Este es mi Hijo, a quien amo; en él me complazco'". (Mateo 3:17)

Emociones: _____

Las emociones de Cristo en las Escrituras

"Jesús respondió: 'Les aseguro y les digo muy solemnemente que me han buscado, no porque hayan visto las señales (que atestiguan los milagros), sino porque comieron los panes y se saciaron'". (Juan 6:26, AMP)

Emociones: _____

"'¡Vete! ¿Qué quieres de nosotros, Jesús de Nazaret? ¿Has venido a destruirnos? Yo sé quién eres: el Santo de Dios. Cállate". dijo Jesús con severidad. Sal de él". (Marcos 1:25)

Emociones: _____

"Jesús lloró". (Juan 11:35)

Emociones: _____

"Continuó diciendo: 'Por eso os he dicho que nadie puede venir a mí si el Padre no se lo ha permitido'. A partir de ese momento, muchos de sus discípulos se volvieron atrás y dejaron de seguirle. ¿No querréis iros también vosotros? preguntó Jesús a los Doce". (Juan 6: 65–67)

Emociones: _____

"Más tarde, los discípulos de Juan vinieron a buscar su cuerpo y lo enterraron. Luego fueron a contarle a Jesús lo que había sucedido. En cuanto Jesús se enteró de la noticia, se fue en una barca a una zona remota para estar solo". (Mateo 14:12–13)

Emociones: _____

"So he made a whip out of cords, and drove all from the temple courts, both sheep and cattle; he scattered the coins of the money changers and overturned their tables. "Entonces hizo un látigo con cuerdas y expulsó a todos de los atrios del templo, tanto a las ovejas como al ganado; esparció las monedas de los cambistas y volcó sus mesas. A los que vendían palomas les dijo: "¡Sacadlas de aquí! Dejad de convertir la casa de mi Padre en un mercado". (Juan 2:15–16)

Emociones: _____

"¡Jerusalén, Jerusalén! Tu pueblo ha matado a los profetas y ha apedreado a los mensajeros que te fueron enviados. Muchas veces he querido reunir a tu pueblo, como la gallina reúne a sus polluelos bajo sus alas. Pero no me habéis dejado". (Lucas 13:34, CEV)

Emociones: _____

"En aquella misma hora se alegró y se regocijó mucho en el Espíritu Santo, y dijo: 'Te alabo, oh Padre, Señor del cielo y de la tierra, porque has ocultado estas cosas [relativas a la salvación] a los sabios e inteligentes, y las has revelado a los niños [a los niños y a los no instruidos]. Sí, Padre, porque este camino fue [tu amable voluntad y elección, y fue] agradable a tus ojos'". (Lucas 10:21, AMP)

Emociones: _____

"Fueron a un lugar llamado Getsemaní, y Jesús dijo a sus discípulos: 'Siéntense aquí mientras oro'. Tomó consigo a Pedro, Santiago y Juan, y comenzó a angustiarse y a preocuparse profundamente. Les dijo: "Mi alma está abrumada de dolor hasta la muerte". (Marcos 14:32–34)

Emociones: _____

"Volviendo por tercera vez, les dijo: '¿Todavía estáis durmiendo y descansando? Ya basta. Ha llegado la hora. Mirad, el Hijo del Hombre ha sido entregado en manos de los pecadores. Levantaos. Vamos. Ahí viene mi traidor". (Marcos 14:41–42)

Emociones: _____

Las citas continúan

Solo se puede mejorar

El comienzo de cualquier relación es la experiencia más emocionante que todas las parejas desean que dure toda la vida. Charlas interminables durante la noche, emoción cuando llega un mensaje o una llamada, y una atracción física que te hace olvidar el mundo. Yo sugeriría que no tiene por qué acabar. Y si ha decaído, puedes recuperarla adoptando el diseño matrimonial de Dios y la intención de mantener una relación similar a la de las citas, fresca y viva. Un matrimonio en Cristo tiene pasión y novedad, lo que refleja la relación atenta y regeneradora entre Cristo y la Iglesia.

Como cristianos, estamos en un continuo estado de renovación en el proceso de santificación. Dice la Palabra que a pesar de que nuestros cuerpos físicos envejecen, nuestro ser interior se renueva progresivamente para parecerse más a Cristo (2 Corintios 4:16). Esa es la belleza de estar en un matrimonio cristiano. No debemos comprar la mentalidad del mundo de que la mayoría de los matrimonios pueden caer en la complacencia y declinar con el tiempo. En cambio, el enfoque debe ser el crecimiento y la madurez de cada uno guiados por el Espíritu Santo a través de su gracia.

> " Un matrimonio en Cristo tiene pasión y novedad, que refleja la relación atenta y regeneradora entre Cristo y la Iglesia. "

Tipos de Personalidad

Obras maestras construidas por Dios

Las pruebas de personalidad han existido por algún tiempo y son usadas principalmente en ambientes de consejería y en el mundo de los negocios. Cuando yo estaba en el mundo de los negocios, Myers-Briggs y Strengthsfinder eran dos de las pruebas más importantes que puedo recordar que se daban a los empleados para entenderlos mejor. Se utilizaban para conocer a los empleados y utilizar sus puntos fuertes para el bien de la empresa o colocarlos en funciones que se ajustaran mejor a su tipo de personalidad.

He realizado algunos tests de personalidad para entenderme a mí misma y a otros miembros de mi familia. Sin embargo, el que más claramente me llevó a apreciar mi personalidad fue el Eneagrama. Este test se ha extendido por todo el mundo, y por algo será. Puedo dar fe de que es beneficioso. Los 9 tipos o categorías del Eneagrama proporcionan una clara comprensión de los tipos de personalidades humanas y de cómo pueden ver la vida, tomar decisiones, procesar ideas y pensar y sentir.[28] Si esto te interesa, muchos libros y entrenadores en línea se consideran expertos en este marco de personalidad.

Creo sinceramente que es valioso conocer el tipo de personalidad tuya y de tu marido. El uso del Eneagrama ha sido beneficioso para mí, para mi matrimonio y para muchos otros. Sin embargo, ninguna prueba supera el hecho de que tú y tu cónyuge son obras maestras hechas a la imagen de Dios, llamadas a crecer a su semejanza, pero sí ayuda a comprender la singularidad de nuestras personalidades.

A continuación, he enumerado un recurso que he encontrado útil desde un punto de vista bíblico. Al igual que yo, puedes descubrir el beneficio de conocer los rasgos básicos de la personalidad del otro y cómo se potencian mutuamente en el matrimonio y para los propósitos superiores de Cristo.

"Perder el yo encontrar el yo"

Un enfoque bíblico de los 9 tipos de eneagrama

Por Marilyn Vancil

De la ruptura al avance

Resucitado en su plan original

Es difícil cambiar y romper con los moldes tradicionales, culturales y sociales. Observar a nuestros padres o abuelos actuar de cierta manera en su matrimonio descarga una imagen mental y puede actuar, sin saberlo, como un mapa para la forma en que navegamos nuestro matrimonio. Además, cuando los ejemplos de matrimonio en los medios de comunicación muestran un rol masculino más dominante (o un rol femenino dominante), se envían mensajes contradictorios sobre nuestros roles ordenados por Dios y descritos en Su Palabra. Como resultado, podemos crear hábitos y patrones que no necesariamente se alinean con Su intención.

Cuanto más envejecemos y más tiempo hemos estado casados, más difícil puede ser cambiar de marcha y empezar de nuevo. Sin embargo, ten en cuenta que puede ser doloroso permanecer en el status quo o cambiar (Colosenses 3:1–17). En otras palabras, si decides alinear tus acciones con Su Palabra o permanecer estancado e insatisfecho, el dolor estará ahí. La única diferencia es que hay fruto al final de tus esfuerzos de obediencia.

Al comenzar el proceso de tener un extraordinario matrimonio cristiano modelado según el amor de Cristo por Su Iglesia, habrá frustraciones, posibles discusiones y heridas descubiertas al discutir los errores del pasado y los resentimientos que se han deslizado a lo largo de los años, pero eso es normal. Lo sé de primera mano. Permanezcan en Su perdón y estén cimentados en Su amor incondicional por ustedes. Es Su voluntad que tu matrimonio sea saludable y próspero en Él.

Este esfuerzo por alinearse con Su Palabra y el uno con el otro debe traer esperanza y paz en general. Cualquier cosa violenta, degradante o desagradable no es bíblica (1 Pedro 3:8–9 AMP). Este comportamiento es fuerte y enfáticamente desalentado. Puede ser una herramienta del enemigo para interrumpir e impedir el proceso a medida que tú te sumerges en las partes débiles de tu matrimonio para fortalecerlo y salir del otro lado mejor de lo que jamás soñaste.

Para terminar

Lee este libro una y otra vez

En Cristo, tú y tu cónyuge son herederos reales de Dios y coherederos con Cristo. Ustedes son los embajadores de Cristo, representando su amor sacrificado hacia su Esposa, y mostrándolo a un mundo que necesita esperanza y un Salvador. Conocer y operar en esta identidad y perspectiva del reino es la clave para trabajar juntos para la gloria de Dios (Colosenses 3:1–2). Es posible que tengas que leer este libro repetidamente para absorber estas verdades en toda su extensión.

Además, recuerda permanecer en Su amor incondicional para ti y tu cónyuge. Sé paciente y amable con el otro, especialmente contigo mismo. Puede que sea necesario extender el perdón diariamente mientras vives en Su completa expiación y gracia. Recuerda que esta transformación hacia la salud matrimonial puede ser lenta a veces; por lo tanto, es crucial apoyarse en el Espíritu Santo y dejarse guiar por él. Como dije al principio, Él lo ve todo, lo sabe todo, lo escucha todo y quiere tomar el control de todo.

Mientras continúas orando y creyendo en tu matrimonio, *puede parecer que nada está cambiando*, pero descansa en Su calendario y plan para restaurarlo. Él te ayudará, y puede que incluso te sorprenda cuando tus rupturas acaben brotando avances. Rezo continuamente por ti y por tu matrimonio a diario y creo de todo corazón en Su diseño de un matrimonio cristiano extraordinario, como Cristo ama a la Iglesia.

A los maridos, hombres de Dios

Te animo a que leas el rápido prólogo de una sola página al principio del libro, donde comparto por qué creo que este libro es esencial no solo para sostener tu matrimonio cristiano sino para hacerlo mejor de lo que podrías imaginar. He revisado personal y minuciosamente cada página, párrafo y ejercicio y puedo decir que no conocía completamente el diseño de Dios para el matrimonio y mi papel como líder designado antes de hacer este proyecto con Joan. Estoy feliz de decir que después de 26 años, nuestro matrimonio es mejor de lo que era al principio.

Por favor considera unirte a tu esposa en este estudio de 5 semanas. Te llevará aproximadamente 30 minutos por semana. Eso no es mucho tiempo para encaminar tu matrimonio cristiano, tener un hogar pacífico y honrar a nuestro Señor y Salvador, Jesucristo. Él sacrificó su propia vida por nosotros, y su amor sacrificado está destinado a ser un ejemplo para nosotros en nuestro matrimonio del amor de Cristo por su novia, la Iglesia. Puedo asegurarte que habrá altibajos a medida que avancen juntos en este libro, pero no te rindas. Dios ve todos tus esfuerzos a pesar de todos los desacuerdos y frustraciones, las presiones del trabajo y la familia, y cuando solo quieres mantener las cosas como están, Dios te recompensará. No puedes quedarte estancado y esperar tener el tipo de matrimonio que deseas; o estás creciendo o estás decayendo. Te desafío a que recuperes el control del enemigo en un frente indiviso como marido y mujer y seas el que tome la iniciativa para que tu matrimonio sea victorioso.

Estudio de los hombres

Repasen y oren

Repasen juntos este estudio para hombres, preferiblemente o por su cuenta, y animense mutuamente a continuar con el libro. Oren juntos para que las verdades expuestas en este libro se asimilen y para que se traten mutuamente como Cristo los ama y los trata a ambos. Oren juntos por el otro y por su matrimonio y luego en privado cada día usando las oraciones que Joan escribió en cada sección o por su cuenta.

Sé abierto

Como Cristo, sé paciente, amable, noble y honrado con tu novia. Tómate el tiempo para escuchar, comprender y hablar sobre lo que ella pueda estar aprendiendo. Pídele a tu esposa que comparta una cosa que haya aprendido o que le haya sido confirmada después de pasar por cada sección. La tradición, la cultura y la sociedad también han tergiversado a los hombres, así como a las mujeres (como se señaló en la introducción de la Sección 1) y nos han dicho cómo debemos actuar como hombres, esposos, padres y líderes. El pasado demuestra que esta tergiversación ha conducido a menudo a problemas de machismo, actitud defensiva, abuso de poder, fuerza prepotente y comportamiento egoísta. Bajo la mano refinadora del Rey, los maridos están diseñados para estar en una posición de autoridad humilde y, al mismo tiempo, ofrecer consuelo y guía a nuestras esposas como hace Cristo con la Iglesia.

Tengan fe y perseveren, hombres

"Oh Timoteo, tú eres un hombre de Dios. Huye de todas estas cosas malas, y trabaja más bien en lo que es correcto y bueno, aprendiendo a confiar en él y a amar a los demás y a ser paciente y amable. Lucha por Dios". (1 Timoteo 6:11–12 TLB)

Estudio de los hombres | Sección 1

Resumen de la semana 1

- La sociedad, la tradición y la cultura pueden tergiversar a su esposa que, al igual que ti, está hecha a Su imagen.
- El corazón, las emociones y el cuidado de su esposa son atributos del carácter de Dios.
- Tu esposa es de la realeza como hija del Dios Altísimo y comprometida con el Rey Jesús ante todo.
- Tu esposa es una compañera heredera de Dios y co-heredera de Cristo ahora y en Su reino venidero.
- Tu esposa es una compañera embajadora de Cristo en la tierra representando su reino.
- Tu esposa es un regalo de Dios para Jesús y para ti.
- El cielo es un lugar real con Cristo como monarca gobernante mientras el mundo se desvanece.
- Edifiquen el uno al otro en las características de la esposa de Cristo (ver el ejercicio Esclavo de Satanás vs Esposa de Cristo).

Práctica

Ora

Pídele a Dios que te recuerde sus cualidades especiales que quizás no veas todos los días y luego dile lo que te gusta de ella. Luego, oren por ella y juntos para que Dios les ayude a ambos a buscar las características de *Su Imagen* a lo largo de la semana.

Entiende

Las mujeres llevan demasiadas cargas cuando no deberían. Se preocupan por el mundo, la familia, las finanzas y mucho más. La mayoría de las veces ella solo quiere que tú seas un oído que escuche y entienda su corazón. Como el líder designado en su hogar, sé como Cristo y pregúntale cuál es su *preocupación número* uno esa semana y ayúdala a llevarla al Rey de reyes.

Intenta

Tanto los hombres como las mujeres de Su Iglesia son llamados a crecer continuamente, siendo preparados para Su regreso. Como el líder designado de la familia que establece el tono y la dirección del hogar, es importante que entres en el papel de liderazgo, tome el control, y se mire a sí mismo para ver dónde puede estar apegado a viejas formas de pensar y hábitos ineficaces. Es muy fácil que los hombres se queden atascados en tradiciones del pasado, haciendo inconscientemente las cosas como siempre las han hecho o preocupándose demasiado por lo que piensan los demás hombres como para hacer los cambios necesarios en su pensamiento o comportamiento. Sin embargo, debemos estar dispuestos a cambiar por Cristo y su Reino. En Lucas 12, Jesús dice que estemos vestidos y listos. Mantengan sus lámparas encendidas y sean como los hombres que esperan a su amo. Este es un llamado activo a crecer en el conocimiento de Él y de Sus caminos y a ser el tipo de hombres que están dispuestos, fuertes y que crecen a medida que Su regreso se acerca rápidamente para presentarla y dar cuenta de su cuidado temporal (Lucas 12:35–40, Pedro 1:5–8, 1 Corintios 3:13, Colosenses 1:9–10, Efesios 4:15, Hebreos 10:24–25, 1 Pedro 2:2, 1 Corintios 16:13, Apocalipsis 22:12).

Ve

Puede que no lleve una corona aquí en la tierra, pero le espera una en el cielo. Ella es una heredera, co-heredera y co-embajadora de Cristo contigo. A medida que te esfuerces por verla con su corona puesta, obtendrás una imagen más amplia de lo que ambos son realmente a los ojos de Dios. Y eventualmente, se verán y tratarán el uno al otro desde una posición eterna como realeza en el día a día, evitando muchas trampas de tener una perspectiva defectuosa.

Estudio de los hombres | Sección 2

Resumen de las Semanas 2–3

- El amor de Cristo por su Iglesia es el ejemplo de cómo debemos amar a nuestras esposas.

- Debemos esforzarnos diariamente por comprender el corazón de Cristo por la Iglesia para saber cómo amar a nuestras esposas específicamente.

- Hombres, no todo recae sobre nuestros hombros. El amor perfecto de Cristo puede llenar completamente a cada uno de nosotros, a la Iglesia y a nuestras esposas, así que no tenemos que ser perfectos.

- Nuestro matrimonio refleja los esponsales y el futuro matrimonio de Cristo y la Iglesia.

- Nuestro papel real, como esposo, es un espejo de Cristo como cabeza de su amada esposa.

- El corazón de Cristo por su esposa es de una profundidad inescrutable e inalcanzable.

- El amor específico de Cristo por Su Iglesia es un mapa de ruta para que llenemos nuestros corazones completamente primero y luego ayudemos a nuestras esposas en las áreas específicas en las que les gustaría ser más amadas.

- Las áreas específicas del amor en el corazón de Cristo para el propósito de este libro incluyen el Sacrificio, la Gracia, la Lealtad, el Servicio, la Alimentación, el Cariño, la Comprensión, la Limpieza, la Consistencia, la Conducción, la Protección, la Santificación, la Pasión y la Eternidad.

- El mundo, particularmente a través de los medios de comunicación, es astuto y busca engañarnos a nosotros y a nuestras esposas para que satisfagan las necesidades de nuestros corazones con cosas vacías y promesas de satisfacción y deseo.

- El enemigo persigue activamente negarnos el pleno amor de Cristo y destruir nuestro matrimonio como ejemplo sagrado del mayor amor que jamás haya existido: el de Cristo y la Iglesia.

Práctica

Ora

Oren para que ambos reciban plenamente el amor completo del Señor en sus corazones, y luego, desde el desborde, se amen primero a sí mismos y luego al otro. Oren para que ambos le devuelvan a Cristo su corazón completo y construyan una relación sólida para la que ambos fueron creados en Él, que pueda llevar a un matrimonio cristiano saludable.

Entiende

Pídele a tu esposa que comparta una cosa que haya aprendido o que haya sido confirmada después de haber pasado por el estudio de esta semana. Repasen brevemente juntos el Estudio para Hombres de la Semana 1, repasen juntos el Estudio para Hombres de las Semanas 2 y 3 y luego anímense mutuamente a seguir adelante.

Intenta

Como el líder designado como Cristo es la Cabeza de la Iglesia, cambia tu mentalidad a lo mucho que Cristo te ama a ti y a tu esposa. Lee las escrituras sobre Su amor por Su Esposa en el estudio de mujeres para ver como Cristo los ama a ambos completamente. Entonces, establezca el nuevo tono en su hogar por su actitud y elección de palabras, ya que ella es Su amada primero. Tal vez incluso podría elegir una o dos áreas del corazón de Cristo en el estudio de las mujeres y practicar el ejemplo de esas cualidades esta semana. Y da un paso más preguntándole a ella en qué dos le gustaría que se enfocara y anótalas, para que las recuerdes.

Ve

Como creyente en Jesucristo, también eres parte de su novia, la Iglesia. El matrimonio es una unión de dos personas en una sola carne que (en la tierra) tiende a ser vista como más romántica, pero desde la perspectiva de Dios es realmente la unión de dos personas completamente como una sola para no solo el placer, sino también para Su propósito y gloria eterna que refleja Su Imagen, tanto masculina como femenina. Dedica tiempo a conocer a Cristo más íntimamente como un mejor amigo y confidente que te entiende completamente y satisface todas tus necesidades primero. Luego, apóyate en esa relación para construir tu matrimonio y asegurarte de que refleje la luz del gozo y el destino eternos. Reserva un tiempo para ti y para Él, aunque solo sean unos minutos para empezar. Tu elección sincera de conectarte con la Cabeza de la Iglesia es la clave para tener una relación sana y vibrante con Él que se desborde hacia tu esposa.

Estudio de los hombres | Sección 3

Resumen de las Semanas 4–5

La verdad sobre tu matrimonio cristiano

- El ejemplo del amor de Cristo por su esposa, la Iglesia, por la que se entregó, *es el único estándar* por el que puedes elevar tu matrimonio de manera efectiva.

- El punto de vista del mundo sobre el matrimonio es engañoso, decadente y poco saludable (Proverbios 5:18–19, Eclesiastés 9:9, Efesios 5:25–33, 1 Corintios 7:10–11, Juan 15:13, 1 Timoteo 4:3).

- Tu matrimonio es un *llamado real* y un ejemplo como una sola carne para los creyentes y el mundo. Refleja la unión y el amor de Cristo por su esposa, lo que da gloria al Padre y a Él mismo.

- Ustedes son herederos y coherederos con Cristo en su reino, tanto ahora como en la eternidad.

- Nosotros, como hijos de Dios y esposa de Cristo, somos iguales a los ojos de Dios. Como varones y mujeres diseñados de manera distintiva, somos como piezas de rompecabezas. Cada pieza del rompecabezas tiene muchas formas, tamaños y colores, pero si falta una, el rompecabezas está incompleto.

- Tanto el esposo como la esposa son valiosos entre Sus creyentes y Dios no tiene favoritos. Él los ama y murió por ambos. Todos somos parte de Su historia y de la imagen de Su Glorioso Hijo. (Génesis 2:24, Marcos 10:9, 1 Pedro 2:9, Efesios 5:25, Efesios 5:32).

- Nuestro matrimonio está diseñado como una danza *simbiótica, o de beneficio mutuo*, en la que los esposos dirigen y se asombran de su compañera otorgada. Se trata de una relación de causa y efecto que comienza con el amor y el sacrificio del marido por su amada y la devolución recíproca de amor por parte de su esposa, tal como Cristo ama a la Iglesia y se entregó por ella (Mateo 18:12, Efesios 5:25–33, 1 Juan 4:19, 1 Pedro 2:24).

- Reconoce las lentas y sutiles *tácticas de división del enemigo* si el disgusto, el desinterés o la complacencia definen el estado de tu matrimonio.

- El enemigo es un mentiroso e impostor que busca destruirlo diariamente a través de muchas vías diferentes. Sabe que el matrimonio es el reflejo de Cristo y de la Iglesia y, por tanto, la base de una sociedad sana. Pero sabe que la batalla por tu matrimonio es, ante todo, del Señor. Apóyate en Él, ora y obedece sus mandatos en torno al matrimonio, tal y como se recoge en su Palabra, para resistir al enemigo y hacerle huir.

- Dios está a favor de ti y de tu matrimonio en todo momento, ya que fue Él quien finalmente los unió a ambos para Su gloria y tu bien (Juan 10:10, 1 Pedro 5:8, Efesios 6:10–20).

- Tu matrimonio debe estar *lleno de abundante alegría* que dure toda la vida. Debemos confiar plenamente en Su estrategia para el matrimonio y no creer en los ejemplos matrimoniales del pasado, la cultura, la tradición o la sociedad. (Deuteronomio 4:8, 2 Crónicas, 20:15, Juan 10:10, 2 Corintios 10:4, Efesios 5:25–22, 1 Pedro 3:7)

- Los pasos adelante y atrás, las tensiones y las conversaciones desafiantes son una *parte normal* del proceso para lograr un matrimonio cristiano extraordinario. Como Joan dijo tan acertadamente en la sección de mujeres, las rupturas a menudo conducen a avances cuando la verdad de la Palabra de Dios comienza a brillar con su luz sanadora.

- Recuerda que la vida y la muerte están en la lengua, por lo que es posible que necesitemos hacer una pausa, formular las preguntas de "Una cosa" que aparecen a continuación, y luego orar si las cosas se calientan demasiado (Proverbios 18:21, Proverbios 27:17, Hebreos 12:11).

- Limpia y elimina *toda la falta de perdón y el resentimiento* que mantiene tu matrimonio atascado porque el pasado está muerto y se ha ido. No importa lo difícil que sea abrir la herida, limpiarla en la Palabra es esencial para agarrar el extraordinario matrimonio cristiano que queremos.

- Hoy es un nuevo día en el que Él te está llamando para que entres en tu papel de líder y te aferres al matrimonio abundante que estás destinado a tener con todas tus fuerzas. (Mateo 6:14, Efesios 4:32). (Ve el ejercicio y la oración en la sección sobre falta de perdón y resentimiento del estudio para mujeres).

- *La intimidad física* es un regalo del Señor y la falta de ella puede ser una herramienta del enemigo contra ambos. Por lo tanto, busca ayuda inmediata en esta área a través de libros, consejería cristiana o profesionales médicos (Proverbios 5:18–19, 1 Corintios 7:5).

La verdad sobre ser un esposo cristiano

- Dios te ha *favorecido* y te ha dado a tu esposa como un regalo. (Proverbios 18:22, Génesis 2:18)

- Tú eres la cabeza de tu esposa, designado por Dios mismo como Cristo es la cabeza de la Iglesia por la que *se sacrificó* convirtiéndose en su Salvador. (Efesios 5:23)

- Como Cristo es tu líder o jefatura, pídele todo lo que necesites a Él *en lugar de luchar* con tu esposa (1 Corintios 11: 3, 1 Juan 5: 14-15, 1 Pedro 2: 23)

- Como líder designado por Dios, *tu esposa es su primera prioridad*, después de su relación con Jesucristo, por encima de todo, incluyendo el trabajo y los hijos.

- Dios te ha *equipado* para que seas la fuerza y la roca que te sostiene, como lo es Cristo para tu esposa (Salmo 18:2, Efesios 5:23).

- Jesús completa el corazón de su esposa (y el suyo) primero—no tiene que ser perfecto. (Salmo 23:1)

- Al *buscar acciones positivas* de acuerdo a la Palabra, esto debe llevar a reacciones positivas de su esposa por diseño. (Efesios 5:25, 1 Pedro 2:24, 1 Juan 4:19, Efesios 2:8, Mateo 18:12)

- *Sal de la pelea*, reduce las discusiones y entiende el ejemplo de cómo Cristo no discutió frente al juez y al jurado. (Ve la sección Salir de la Pelea en el estudio de las mujeres).

- Dominar el poder falso o dar a tu esposa un trato suave es señal de que no ves a *tu esposa en su llamado real* como heredera y co-heredera en el reino de Dios. Honra y respeta a tu esposa para asegurarte de que tus oraciones no se vean obstaculizadas. (1 Pedro 3:7)

- Tu esposa quiere una *relación apasionada y transparente* que fluya del desbordamiento de tu corazón como Cristo tiene para su novia. (Lea el Cantar de los Cantares en la traducción de La Pasión y vea la sección Relación desde el corazón en el estudio para mujeres).

- *Nutre, Protege y Aprecia* a tu esposa diariamente. (Ve Efesios 5:25-33 y haz el ejercicio de Nutrir, Proteger y Apreciar).

- Busca *entender a tu esposa completamente* primero cuando surjan problemas o incluso en las cosas mundanas. (1 Pedro 3:7) (Ve las preguntas de "Una cosa" más adelante).

- Recuerda que tu esposa está hecha a la imagen de Dios y *abraza sus emociones*. (Génesis 1:27, 1 Pedro 3:7) (Vea las emociones de Dios y de Jesús en el estudio de las mujeres).
- La oración y la obediencia a los mandatos de Dios crean el camino para tener la relación matrimonial más íntima y hermosa que existe en este mundo junto a Cristo y su Iglesia. (Salmo 112:1, Lucas 6:46, Romanos 12:12, 1 Tesalonicenses 5:16–18, Efesios 6:18, Juan 14:15, Hechos 5:29, 1 Pedro 1:14, 1 Juan 5:3)

La verdad sobre ser una esposa cristiana

La siguiente lista de atributos es una advertencia para los hombres que están solteros o saliendo con alguien, y un punto de discusión serio en tu matrimonio cristiano que no debe ser pasado por alto. Al igual que los puntos anteriores sobre la verdad acerca de ser un esposo cristiano y las 10 señales de un esposo cristiano de excelencia señaladas en la sección 3, también he compilado algunos puntos sobre la verdad acerca de ser una esposa cristiana y 10 señales de una esposa cristiana de excelencia para los esposos. Este estudio para hombres puede parecer que solo está diseñado para que los hombres se conviertan en el mejor esposo para tu matrimonio, pero también es una palabra solemne de advertencia para asegurarte de que tú y tu esposa sean fieles seguidores de Cristo con cada verdad sobre la mesa.

Mientras que tanto los hombres como las mujeres en Cristo están en un viaje de santificación, algunas señales fundamentales de acción deben estar en su lugar hasta cierto punto para operar en verdad en la verdad y la gracia y tener la esperanza de un matrimonio extraordinario. Los siguientes puntos son fundamentos para hombres y mujeres y no son exhaustivos, pero estoy hablando principalmente de las esposas o futuras esposas en Cristo para esta sección. Estoy exponiendo algunas verdades que tal vez necesites investigar más para prevenir un yugo desigual o comenzar a sanar o florecer en tu matrimonio.

- Tu esposa debe amar al Señor Jesucristo más que a ti (Mateo 22:37).
- Tu esposa debe mostrar señales de su completo amor al Señor sometiéndose a Sus mandamientos (Lucas 6:46).
- Ambos deben ser abiertos y estar dispuestos a admitir los errores con facilidad (Salmo 5, Proverbios 28:13, Efesios 5:11, Santiago 5:16).
- El verdadero remordimiento (dolor auténtico) y un corazón arrepentido (cambio de acción) por los errores cometidos fuera de la voluntad de Dios deben ser evidentes para ambos (Salmo 51:17, Hechos 3:19).

A continuación hay 10 señales de una esposa cristiana de excelencia

1. Ella disfruta leer la Palabra de Dios por su cuenta y está creciendo activamente en la semejanza de Cristo (Hebreos 4:12, 2 Timoteo 3:16, Salmo 119:105)

2. Le gusta asistir a la iglesia con regularidad y diezmar (Hebreos 10:25, 2 Corintios 9:7)

3. Disfruta de la compañía y la amistad de otras mujeres creyentes (que están en línea con la voluntad de Dios y ofrecen responsabilidad) y puede estar en grupos de mujeres o de estudio de la Biblia (Hechos 2:42, Romanos 1:20, 1 Juan 1:7, Efesios 5:18, 1 Corintios 12:26–27)

4. Le gusta servir y está en el ministerio en algún momento y nivel (Hechos 20:28, Gálatas 6:10, 1 Pedro 4:10–11)

5. Disfruta nutriendo y cuidando a su marido (no como una madre, sino como una ayudante) (Proverbios 31:10–31, 1 Tesalonicenses 5:11–19, 22)

6. Ella disfruta de su hogar (Proverbios 14:1, Tito 2:4–5)

7. Exhibe piedad y contentamiento con lo que tiene y la etapa de la vida en la que se encuentra (Mateo 6:32–33, 1 Timoteo 6:6–12, 1 Pedro 1:6)

8. Está en paz con su papel en Cristo (Proverbios 12:4, Romanos 12:18, Efesios 5)

9. Ella y su familia son transparentes y comunicativos (si están en Cristo) (Proverbios 13:10, Romanos 13:8–10, Efesios 4:25, 2 Corintios 1:12, 2 Timoteo 4:1–22)

10. Ella es auténtica con su familia y la de su esposo en el Señor (Romanos 12:9)

Práctica

Ora

Aunque sea 30 segundos antes de salir a la calle, pídele a Dios que *unifique y cree una atracción mutua que nunca antes* habían conocido. Pídele a Dios que haga de tu matrimonio algo extraordinario para su honor y gloria. Reza las oraciones para marido y mujer en el estudio de las mujeres y lee Efesios 5:22–33 y 1 Pedro 3:7 (se sugiere la versión ampliada) diariamente hasta que se hunda en tu mente.

Entiende

Las mujeres pueden sentir fácilmente si estás operando desde una lista de cosas por hacer o desde el desborde de amor en tu corazón en Cristo hacia ella. Como Jesús transmitió repetidamente en las escrituras, Él desea tu corazón no actividades o cosas que hagan parecer que estás tratando de ganar lo que Él ya ha logrado para ti en la cruz. Él quiere tu amor. Cristo ama a la Iglesia de corazón y se entregó por ella. Es un amor apasionado por su esposa que lo moverá en el deseo o lo mantendrá estancado a largo plazo.

Si tienes problemas para operar desde tu corazón, piensa en alguien o en algo a lo que entregues voluntariamente tu corazón con frecuencia. Tal vez sea un proyecto en el trabajo, un coche deportivo o una afición que le ocupa mucho tiempo. Esto puede ser un reflejo de tu propia relación con Cristo. ¡Vivir desde el corazón es lo que realmente es la vida! (Ver la sección Una relación desde el corazón).

Intenta

Aunque todos los matrimonios terrenales son imperfectos, trabajar juntos gradualmente cada semana a través de este estudio producirá mejoras tangibles en su matrimonio que les traerá alegría y felicidad a ambos. Hagan todos los ejercicios de esta sección individual y colectivamente—y preferiblemente sin tecnología cerca—y si es necesario, ayuden a asegurar el cuidado de los niños para que tengan toda la atención del otro. Y *no abandonen nunca lo que Dios ha unido*. Justo cuando parece lo más sombrío, Dios se mostrará en su completo amor por ambos. 1 Timoteo 4:3 dice que Dios hizo el matrimonio para disfrutarlo y agradecerlo.

Ve

Agradece a Dios todos los días por tu esposa, ya sea que la veas como Su regalo o no actualmente. Eventualmente, Dios cambiará tu corazón y mente hacia ella si mantienes esta verdad en mente de que has sido favorecido y ella te fue dada por el Señor mismo. Podemos cumplir con nuestros deberes reales hacia ella y procurar amarla como lo hace Cristo y protegerla en todos los sentidos. A continuación hay maneras de acariciarla y ser romántico para mantener vivo el "noviazgo".

Aprecia

Haz el ejercicio de escalamiento en el estudio de las mujeres sobre este tema para tener un punto de referencia mientras avanzas.

Para que lo sepas, Joan escribió que yo era un **2** en romanticismo y un **1** en cariño. Hay mucho que aprender y hacer para hacerla sentir como Su regalo. Vea algunos ejemplos a continuación junto con el pictograma Cherish en la Sección 3.

Pregunta qué puedes hacer para hacerla feliz hoy y aligerar su carga aunque estés cansado y estresado.

Dile a tus amigos y familiares de forma sutil y sincera cómo admiras sus puntos fuertes y su belleza, reconociéndola públicamente como tu precioso regalo.

Aprecia y reconoce sus esfuerzos diarios en el trabajo y en la casa diciéndole lo agradecido que estás incluso en las formas aparentemente pequeñas que le demuestran que la ves y estás pendiente de ella.

Acércate a ella y abrázala con fuerza.

Pregúntale qué puedes hacer para ayudarla a avanzar hacia el propósito y los deseos ocultos de Dios para su vida, aunque sea en un futuro lejano y ambos estén atascados con la vida cotidiana. Saquen juntos los sueños y deseos de su corazón en Cristo.

Guíala en todas las decisiones mundanas diarias, por ejemplo, hacer reservas para la cena, lavar la ropa y bañar a los niños.

Romance

Llevar a casa un regalo espontáneo, por ejemplo, perfume, café, comida para llevar

Contrata a una empresa de limpieza aunque sea una vez y el presupuesto sea ajustado.

Dile que elija una franja horaria de 2 horas en la semana para escucharla y pasar tiempo con ella como único tema. Sé interactivo mirándola a los ojos haciéndole preguntas sinceras de interés ofreciéndole esperanza hasta en las situaciones más pequeñas. Deja de lado la tecnología.

Hagan ejercicio, salgan a pasear o a caminar y coman juntos de manera saludable en honor a cuidar sus templos.

Haz una reserva para una noche en un hotel local con servicio de habitaciones o cena de lujo. Regálale un masaje de pies.

Desescalada

A continuación se presentan algunas preguntas de "UNA cosa" para ayudar a evitar un conflicto casi al instante que nos ha ayudado a centrarnos en las cuestiones subyacentes que he tenido dificultades para captar desde la superficie. No todas las preguntas serán relevantes en todas las situaciones, pero pueden ayudarte a cerrar más rápida y sucintamente la brecha entre tu entendimiento hacia el otro y la comunicación con él. Sugiero hacer estas preguntas rápidamente para obtener su primera reacción, que puede ser una verdad subconsciente. (Nota: No está de más decirle que es hermosa y preguntarle si puedes frotarle los pies mientras se discute más. He probado esto. Funciona).

- ¿Qué es UNA cosa que necesito entender? Deja que me detenga un segundo para entenderlo bien.
- ¿Cuál es UNA emoción que está sintiendo en este momento?
- ¿Qué es UNA cosa que le da miedo?
- ¿Qué es UNA cosa que puedo hacer para que te sientas protegido y seguro?
- ¿Qué es UNA cosa que puedo hacer para ayudar a resolver este problema?
- ¿Qué es UNA cosa en la que podemos encontrarnos a mitad de camino en esta situación?
- ¿Qué es UNA cosa por la que puedo rezar específicamente contigo ahora mismo?
- ¿Cuál es UNA escritura que puede ayudar a guiarnos para honrar a Dios en este momento en este asunto?
- ¿Qué es UNA cosa que puedo hacer ahora mismo para hacerte feliz, ayudar a aliviar tu estrés hoy, y/o mejorar tu día?

Finanzas

Resuelve ser una pareja que administre bien las finanzas de Dios. Esto les ayudará a ser generosos y buenos mayordomos como se indica en Su Palabra. (1 Corintios 4:2, Tito 1:7–9, Lucas 16:10, Mateo 25:21). Ve las sugerencias de Joan para más lecturas o busque ayuda profesional si esta es un área de lucha en tu matrimonio.

Excelencia

Sé un esposo excelente. Lee la sección *Un Esposo Cristiano de Excelencia* y pídele a Dios que te ayude a ejemplificar las características de un hombre que amará a su esposa a través del poder del Espíritu Santo obrando en él y a través de él para Él y tu bien.

Conoce a la Autora

Joan Darcy Dunnam **es una dedicada esposa, madre y amiga que tiene una pasión por las mujeres, los matrimonios y las familias.** Tiene una Maestría en Negocios Internacionales, asistió al programa de Maestría de la Universidad Liberty en Terapia Matrimonial y Familiar, y facilita estudios bíblicos y matrimoniales en Christ Fellowship en Stuart, Florida. Ella ha dedicado su vida a ayudar a las mujeres y a las parejas a verse a sí mismas y a sus matrimonios a través de los ojos de Jesús y a entender el Único ejemplo para el matrimonio. Joan ha estado casada con su esposo Brian por 26 años y tiene dos hijos, Connor y Ryan.

🌐 anextraordinarymarriage.com
✉ jndunnam@gmail.com
📷 anextraordinarymarriage

Bibliografía

Blakemore, Erin. "Learn About the History-and Future-of the Japanese Monarchy", National Geographic (29 de abril de 2019). https://www.nationalgeographic.com/ culture/ article/japanese-monarchy.

Capps, Annette. "Quantum Faith". Capps Ministries. Consultado el 26 de febrero de 2022. https://cappsministries.com/pages/quantum-faith.

Diferencia entre. "Difference Between Royalty and Nobility". 18 de julio de 2015. https:// www.differencebetween.com/difference-between-royalty-and-vs-nobility/.

Fairchild, Mary. "Quotes of the Founding Fathers on Religion". Learn Religion. 7 de julio de 2020. https://www.learnreligions.com/christian-quotes-of-the-founding-fathers-700789.

Fe y Física. "Quantum Physics". 2020. https://www.faithandphysics.org/ physics.

Flick, Stephen. "Thomas Paine Argues, 'No King but God'". Christian Heritage Foundation.

8 de enero de 2022. https://christianheritagefellowship.com/thomas-paine-argues-no- king-but-god/#NoKing,ButJesus.

Godwin, Rick. Training for Reigning: Estrategias para construir el carácter y la madurez en Cristo. Lake Mary: Charisma Media, 1998.

Missler, Chuck. "The Jewish Wedding-Chuck Missler", YouTube (6 de junio de 2012), Koinonia House, https://www.youtube.com/watch?v=5Pp5zbQO46U.

Moore, Beth. Living Free: Aprendiendo a Orar la Palabra de Dios. Nashville: Lifeway Christian Resources, 2001.

National Museum of American Diplomacy, "What is a U.S. Embassy?", consultado el 26 de febrero de 2022, https://diplomacy.state.gov/diplomacy/what-is-a-u-s-embassy/.

Rose, Drea. "Etiquetas ridículas que los hombres dan a las mujeres y que deben dejar de serlo". Bolde. 3 de agosto de 2017. https://www.bolde.com/ridiculous-things-men-label-women-need-stop/.

Schneider, Dirk. Jesus Christ—Quantum Physicist: Why Modern Science Needs the Trinity of Father, Son and Holy Spirit to Explain Our World. CreateSpace Independent Publishing Platform, 2015.

Simmons, Brian. Song of Songs: Divine Romance. Racine: BroadStreet Publishing Group, 2015.

Vallotton, Kris, y Johnson, Bill. The Supernatural Ways of Royalty: Discovering Your Rights and Privileges of being a Son or Daughter of God. Shippensburg: Destiny Image Publishers, 2017.

Vancil, Marilyn. Self to Lose—Self to Find: A Biblical Approach to the 9 Enneagram Types. Enumclaw: Redemption Press, 2016.

Notas finales

1   Fe y Física, "Física Cuántica". (2020), https://www.faithandphysics.org/physics.

2   Dirk Schneider, Jesucristo, físico cuántico: por qué la ciencia moderna necesita la Trinidad del Padre, el Hijo y el Espíritu Santo para explicar nuestro mundo (CreateSpace Independent Publishing Platform, 2015), 98.

3   Annette Capps, "Quantum Faith, Capps Ministries", consultado el 26 de febrero de 2022, https://cappsministries.com/pages quantum-faith.

4   Schneider, Jesucristo-Físico Cuántico, 11.

5   Museo Nacional de la Diplomacia Americana. "¿Qué es una embajada de los Estados Unidos?" consultado el 26 de febrero de 2022, https://diplomac

6   Merriam-Webster, sv. 'grace, consultado el 26 de febrero de 2022, https://www.merriam-webster.com/dictionary/grace.

7   Diccionario Hebreo de Strong, sv. "real. Bible Hub, consultado el 26 de febrero de 2022, https://biblehub.com/hebrew/446

8   Diccionario griego de Strong, s.v. "real. Bible Hub, consultado el 26 de febrero de 2022. https://biblehub.com/greek/932.htm

9   Diferencia entre. Diferencia entre realeza y nobleza, 18 de julio de 2015, https://www.difference between.com difference- between-royalty-and-vs-nobility/.

10 Joseph Kostiner, "monarquía: Encyclopedia Britannica Online. 9 de junio de 2020, https://www.britannica.com/topic.

11 Matt Stefan. sv. "tianming. Enciclopedia Británica en línea. 4 de agosto de 2017. https://www.britannica.com/topic/tianming

12 Enciclopedia Británica en línea, s.v. "derechos divinos de los reyes". 18 de marzo de 2021, https://www.britannica.com/topic/divine-right-of-kings.

13 Stephen Flick, "Thomas Paine argumenta: 'No hay rey sino Dios". Christian Heritage Foundation (8 de enero de 2022), https://christianheritagefellowship.com/thomas-paine-argues-no-king-but-god/#NoKing.ButJesus

14 The International Commission & Association of Nobility, "monarch history", consultado el 26 de febrero de 2022, https://www.nobility-association.com/monarch history.htm.

15 Erin Blakemore, Aprenda sobre la historia y el futuro de la monarquía japonesa: National Geographic (29 de abril de 2019), https://www.nationalgeographic.com/culture/article/japanese-monarchy

16 Wikipedia, sv. "Lista actual de monarquías", consultado el 26 de febrero de 2022. https://en.wikipedia.org/wiki/List_of_current_monarchies.

17 Enciclopedia Británica en línea. sv 'puyi' 3 de febrero de 2022, httos://www.britannica.com/biography/Puyi.

18 Beth Moore, Living Free: Learning to Pray God's Word (Nashville, TN: Lifeway Christian Resources, 2001), 80.

19   Moore, Vivir libre, 81.

20   Todos los sinónimos de los atributos de Dios en la Sección 2, Semanas 2 y 3 se tomaron de The Merriam-Webster Thesaurus en línea en http://merriam-webster.com/thesaurus.

21   Smith's Bible Dictionary en línea, "Sabbooth, the lord of", Bible Study Tools, consultado el 28 de febrero de 2022, https://www. biblestudytools.com/dictionaries/smiths-bible-dictionary/sabaoth-the-lord-of.html.

22   Brian Simmons, Song of Songs: Divine Romance (Racine, WI: BroadStreet Publishing Group, 2015), 7.

23   Simmons, Song of Songs, 33.

24   Moore, Living Free, 80.

25   Chuck Missler, "The Jewish Wedding— Chuck Missler", YouTube (6 de junio de 2012), Koinonia House, https://www. youtube. com/watch?v=5Pp5zbQO46U.

26   Wikipedia, v.v. "romance", última modificación el 31 de julio de 2003, https://en.wikipedia.org/wiki/Romance_(love).

27   Dictionary.com, s.v. "cherish", consultado el 28 de febrero de 2022, https://www.dictionary.com/browse/cherish.

28   Marilyn Vancil, Self to Lose—Self to Find: A Biblical Approach to the 9 Eneagram Types (Enumclaw, WA: Redemption Press, 2016), xvi.